Oroscopo 2024 Leone

Angeline A. Rubi
Alina Rubi

Pubblicato in modo indipendente

Copyright © 2024

Astrologi: Alina A. Rubi e Angeline Rubi

Montaggio: Angeline. Rubi

rubiediciones29@gmail.com

Nessuna parte di questo Annuario 2024 può essere riprodotta o trasmessa in qualsiasi forma o con qualsiasi mezzo elettronico o meccanico. Compresa la fotocopiatura, la registrazione o qualsiasi altro sistema di archiviazione e recupero di informazioni, senza la preventiva autorizzazione scritta dell'autore.

Chi è il Leone?

Date: dal 24 luglio al 23 agosto

Giorno: domenica

Colore: giallo, oro

Elemento: Fuoco

Compatibilità: Acquario, Sagittario e Ariete,

Simbolo:

Modalità fissa

Polarità: Maschio

Pianeta dominante: Sole

Casa 5

Metallo: Oro.

Quarzo: rubino, diamanti, onice.

Costellazione: Leone

Personalità del Leone

La loro personalità è semplicemente esuberante. Governati dal Sole, avete una forza che motiva gli altri a muoversi e volete sempre brillare e dominare.

Questa qualità può diventare un difetto perché può essere piuttosto dominante. Non conosce la vendetta, è generoso materialmente e personalmente ed è il miglior leader di un gruppo.

Questo segno è entusiasta, creativo e spesso comprensivo delle circostanze altrui; ama il lusso e l'avventura; il rischio lo motiva.

Si caratterizzano anche per avere un'alta opinione di tutto, soprattutto di sé stessi, motivo per cui evitano la volgarità.

Sono organizzati, spesso eccellono in posizioni di responsabilità e hanno una grande capacità di procurarsi l'attrezzatura necessaria per sviluppare i loro obiettivi. Gli ostacoli non impediscono loro di andare avanti. Anzi, ci prosperano sopra.

Sono fedeli e protettivi. Sono ottimi amici, affettuosi e protettivi. Non deludono i loro cari e questo significa che, di tanto in tanto, si lasciano coinvolgere nei problemi degli altri.

Sono pessimi perdenti: sono molto ambiziosi e stimolanti e amano mettersi in mostra. Se qualcosa non va come vorrebbero, reagiscono in modo distruttivo.

Sfruttano al massimo ogni secondo, amano la vita, amano divertirsi e apprezzano ogni tipo di intrattenimento: musica, cinema, teatro, natura. Se non possono godere dei loro hobby, il loro umore cambia e si spengono.

Sono innamorati, è un sentimento che amano ed è uno degli ingredienti fondamentali della salsa della vita che cercano sempre. Con il partner, amano sentirsi ammirati e lodati.

Eleganti fin dalla culla, avete mai notato il loro modo di camminare e di muoversi? In generale, i nativi del Leone hanno un fisico imponente, camminano con eleganza e tendono ad avere uno sguardo accattivante.

Orgogliosi e altezzosi, possono essere tirannici e talvolta un po' dispotici.

Oroscopo del Leone

Generale

Il 2024 porta energie di seconde opportunità per i Leone, quindi pensate a cosa potrebbe significare per voi.

Potrebbero esserci grandi cambiamenti nelle vostre relazioni, nel modo in cui le affrontate e le gestite, nelle persone che attirate e in ciò che volete e di cui avete bisogno nelle vostre relazioni personali.

Le eclissi lunari portano un'intensa attenzione a ciò che dovete trasformare per migliorare le vostre relazioni. Potreste dover affrontare qualcosa da cui siete scappati per un po' di tempo, il che può essere sconvolgente, ma alla fine vi aiuterà ad andare avanti.

Potreste sentirvi più ambiziosi e ambire al successo. Raggiungerete un tipo di successo che è stato pianificato per anni.

Vi sentirete entusiasti del lavoro che fate e se non vi appassiona, quest'anno potrete concentrarvi sulla ricerca di un nuovo lavoro.

Le nuove lune vi daranno l'opportunità di cercare un nuovo lavoro, se è quello che volete, e potrete iniziare nuovi progetti e concentrarvi su ciò che vi appassiona.

È probabile che dobbiate apportare alcuni cambiamenti importanti, ma dovete farlo in modo intelligente. Se vi piace quello che fate, potete fare grandi progressi e avere successo. Potranno presentarsi opportunità che vi aiuteranno a investire e troverete modi creativi per sentirvi più sicuri nel modo in cui investite il vostro denaro.

Dovete proteggere la vostra salute, non cercate di fare tutto in una volta. Affrontate i problemi man mano che si presentano.

I periodi in cui si affrontano sfide forti sono l'inizio dell'anno e i mesi estivi.

L'amore

Plutone è stato nella vostra area amorosa per oltre un decennio; quindi, siete diventati più seri e intensi riguardo all'amore e lo prendete molto più seriamente. Ciò che l'amore è e significa per voi ha subito una trasformazione, ma ora vi sentite più allineati con ciò che è vero per voi. Sapete cosa volete e di cosa avete bisogno in una relazione e, se vi impegnate, siete disposti a darlo.

Durante i periodi di retrogradazione di Mercurio, i problemi esistenti nelle vostre relazioni amorose aumenteranno, il che può farvi sentire frustrati e impazienti con gli altri, ma dovete lavorare su tutti questi problemi e migliorare.

Quest'anno potrebbe essere un buon momento per riaccendere le fiamme di una relazione esistente o per riallacciare i rapporti con un vecchio amore, soprattutto perché le nuove lune possono offrire l'opportunità di farlo. In ogni caso, dovreste cercare di coltivare i vostri legami con gli altri e dare loro sostegno.

Saturno e Nettuno saranno nel vostro settore dell'intimità per tutto l'anno e per questo è importante che abbiate un legame spirituale con le persone più vicine a voi. Sarete più assertivi e realistici nel gestire i vostri legami emotivi con gli altri.

Potete concentrarvi su vecchi problemi e traumi che hanno ostacolato questi legami in modo sano e imparare lezioni dal passato che vi aiuteranno a creare legami migliori in futuro.

Per alcuni Leone, l'amore può portare al matrimonio. Se sei un Leone single, preparati a trovare il tuo vero amore. Ma attenzione, non bisogna fidarsi di tutti perché alcuni potrebbero cercare di approfittare della vostra gentilezza.

Le coppie sposate del Leone vedranno la felicità e la crescita delle loro famiglie. Per rendere felice il vostro partner, concentratevi sul suo benessere. Quest'anno scriverete ricordi incredibili con il vostro partner. Il vostro amore si rafforzerà, raggiungendo nuovi orizzonti.

Le incomprensioni possono sorgere di tanto in tanto, quindi nei momenti difficili è importante essere pazienti. Ricordate di rispettare le decisioni del vostro partner e di non imporgli le vostre opinioni. Con la pazienza, riuscirete a mantenere la vostra relazione forte e felice.

Alcuni Leone potrebbero ritrovare un amore del passato, quindi tenete il cuore aperto. Potrete chiarire vecchi malintesi e godervi l'amore.

Vi godrete ogni momento e le vostre relazioni familiari si rafforzeranno con l'amore e la comprensione.

Economia

Urano si unisce a Giove fino al 25 maggio nel vostro settore monetario. Questa combinazione è favolosa per fare scoperte improvvise e sperimentare il successo in modo rapido, inaspettato e non convenzionale. Sarete in grado di affrontare i vostri obiettivi e piani a lungo termine in un modo nuovo, che vi aprirà altre porte.

L'anno 2024 sarà un misto di guadagni e perdite. Il vostro duro lavoro vi porterà denaro, ma problemi familiari e di altro tipo causeranno instabilità finanziaria. Cercate di risparmiare per quando si presenteranno situazioni difficili. Spendere saggiamente può farvi risparmiare qualche grattacapo.

La prima metà dell'anno sarà un misto di momenti buoni e cattivi, poiché le spese aumenteranno, ma guadagnerete anche più denaro. Se non controllaste le spese, potreste incorrere in problemi finanziari.

Tuttavia, grazie a Giove, se ci si mette d'impegno, si riuscirà a risparmiare perché le risorse arriveranno da diverse fonti e si potrà comprare una casa se è quello che si vuole.

Se non avete un'assicurazione sanitaria, il costo dell'assistenza sanitaria può incidere sulle vostre finanze. Per questo motivo è necessario tenere sotto controllo le spese ed essere intelligenti con il proprio denaro. Ricordate di prendere decisioni finanziarie sensate.

La salute del Leone

Quest'anno godrete di una salute fantastica. Vi sentirete energici, felici e forti, sia nel corpo che nella mente e nell'anima. Essere mentalmente forti è importante e, fortunatamente, inizierete l'anno con una mentalità forte. Sentirvi in salute vi aiuterà ad avere successo nel lavoro.

Sarete sani e liberi da malattie. Se aveste problemi di salute cronici, questo potrebbe essere l'anno giusto per superarli. Per mantenersi in salute, provate ad aggiungere alla vostra routine quotidiana la meditazione e l'esercizio fisico. Non dimenticate che mantenere la mente calma e libera dallo stress è fondamentale per mantenersi in salute.

Il riposo è importante per la salute, quindi bevete molta acqua ed esponetevi alla luce del sole per ottenere la vitamina D.

I Lenoni adulti possono accusare dolori alle ginocchia o alle articolazioni, soprattutto durante l'inverno.

Modificate le vostre abitudini alimentari per migliorare la vostra salute. Attenzione agli incidenti e alle lesioni, soprattutto quando si guida o si fa sport.

Famiglia

Vi concentrerete sulle questioni domestiche e familiari. Lavorerete per portare a termine dei progetti a casa, il che vi aiuterà a sentirvi più a vostro agio, stabili ed emotivamente sicuri.

Durante i periodi di Luna piena possono emergere problemi familiari che è importante affrontare e risolvere.

L'ambiente familiare sarà generalmente molto calmo e armonioso quest'anno. I problemi che sorgeranno saranno risolti in modo amichevole. Potrebbero verificarsi problemi di salute dei membri adulti della famiglia che richiedono cure mediche.

Gli impegni professionali possono allontanarvi dalla famiglia, ma non mancheranno i festeggiamenti e l'arrivo di nuovi membri della famiglia.

Potrebbero verificarsi occasionalmente delle fratture con il partner a causa di disaccordi familiari. Fate molta attenzione quando avete a che fare con i vostri fratelli, perché potrebbero avere problemi legali dovuti a eredità o lasciti. Non agite in modo avventato.

Se foste single, potreste riuscire a stabilire una relazione stabile, ma in generale ci sono molte opportunità per migliorare le vostre relazioni amorose.

Date importanti

25 marzo - *Eclissi lunare in Leone (Luna piena)*

Questa eclissi metterà fine agli atteggiamenti che vi feriscono. Dovreste cercare di porre dei limiti alle persone che incrociano il vostro cammino. È possibile che poniate fine a una relazione tossica, ed è meglio così.

2 luglio - *Mercurio entra in Leone.*

11 luglio - *Venere entra in Leone. Questo transito avrà un impatto sulle vostre relazioni sentimentali e sul modo in cui vi relazionate con gli altri. Potreste anche diventare più drammatici ed esigenti nelle relazioni, quindi fate molta attenzione.*

22 luglio - *Il Sole entra in Leone. Felice ritorno del Sole.*

08/04/2024 *Luna Nuova in Leone*. *In questo periodo sarete entusiasti, energici e pronti all'azione. Potrebbero presentarsi delle opportunità. Dovete prendere l'iniziativa, inseguire ciò che volete e far sì che le cose accadano. Questa Luna Nuova precede di qualche giorno la retrogradazione di Mercurio nel vostro segno; quindi, potreste essere più concentrati su una seconda possibilità.*

 Dal 14/08/2024 al 28/08/2024 Mercurio retrogrado in Leone *(dopo aver iniziato in Vergine). Questo può causare molti malintesi, mancanza di concentrazione e la sensazione che le piccole cose saltino sempre fuori e richiedano la vostra attenzione. Potreste sentirvi sparpagliati, ansiosi e stressati. Cercate di avere delle strategie sane per gestire lo stress prima dell'inizio della retrogradazione, in modo da poterlo gestire bene e facilmente.*

4 novembre - *Marte entra in Leone. Marte nel vostro segno è tradizionalmente un momento di grande energia ed entusiasmo per i nuovi inizi e gli affari. Sarete entusiasti delle opportunità che avrete. Approfittate di questo periodo perché Marte sarà retrogrado dal 6 dicembre nel vostro segno e terminerà l'anno retrogrado in Leone. Questo può* *amplificare le vostre frustrazioni e i vostri fastidi, cosa che può facilmente irritarvi e farvi esplodere. Di conseguenza, potreste avere dei piccoli incidenti.*

18 novembre 19- *Pioggia di meteore del Leone in Leone. Le piogge di meteoriti rappresentano momenti di transizione. È un'ottima occasione per mostrare al mondo come volete essere visti. Potreste programmare un viaggio o ravvivare amicizie del passato. Questa pioggia di meteoriti rappresenta un momento di fede e di fiducia.*

Oroscopo mensile del Leone 2024

Gennaio 2024

Leone, questo mese potreste trovare l'amore mentre siete in vacanza. In caso contrario, potreste incontrare la vostra dolce metà a scuola o al lavoro.

Il vostro carisma vi farà fare incontri invidiabili e l'erotismo si impadronirà della vostra vita. Purtroppo, proprio quando tutto sembra andare bene, il fantasma della gelosia si avvicina silenziosamente e vi tormenta con le paure più irrealistiche.

Il Leone, più equanime, scioglierà i vostri dubbi. Non ci saranno novità sul lavoro, tutto seguirà il suo ritmo e non ci saranno cambiamenti specifici.

Dopo il 23, dovrete essere molto pazienti e attenti al modo in cui comunicate. È importante non fare promesse che non si possono mantenere. Cercate di esprimere correttamente le vostre emozioni, anche se non siete felici.

Al lavoro, le prestazioni e la produttività saranno eccellenti, tuttavia è consigliabile concentrarsi sul completamento dei compiti da svolgere,

Il successo sarà presente nella vostra vita, ma non dovreste sopravvalutare il suo impatto e lanciarvi in grandi investimenti o acquisti. Se lo fate, rischiate di perdere liquidità finanziaria.

Il Leone dovrebbe fidarsi del suo intuito quando cerca fonti di reddito.

Gennaio è un buon momento per concepire un bambino.

Numeri fortunati
6 - 10 - 12 - 14 - 31

Febbraio 2024

In questo mese d'amore sarete entusiasti e vorrete fare più di una cosa alla volta. Non prendete decisioni senza riflettere, se agite d'impulso tutto andrà male. Sarete coinvolti in situazioni turbolente.

Chi ha un partner vivrà giornate soddisfacenti in ambito sessuale. L'erotismo caratterizzerà tutti gli incontri per i single, quindi è consigliabile evitare situazioni ambivalenti.

Fate attenzione alla vostra famiglia quando viaggiate, soprattutto quando piove, perché c'è il rischio di incidenti.

Potrebbero esserci dei malfunzionamenti negli elettrodomestici di casa.

Fate molta attenzione quando comunicate. Dovete usare il tono corretto anche nei messaggi di testo e nelle e-mail, ma se questa è l'unica via disponibile, usatela a vostro vantaggio. Cercate di mantenere il più possibile il buon umore nelle vostre comunicazioni.

Numeri fortunati
2 - 24 - 28 - 29 - 31

Marzo 2024

Questo mese vivrete emozioni lineari, vi sentirete confusi nella testa, nervosi nel cuore e con sentimenti esagerati.

Avrete bisogno di molta prudenza in amore e di pazienza con i colleghi di lavoro per superare questo periodo difficile.

Se avete molti progetti e idee in cantiere, ricordate che tutto richiede tempo per concretizzarsi. Invece di affrettarvi, dovreste cogliere l'opportunità di perfezionare i vostri progetti.

Quando si tratta di finanze, non sarete immuni da spese inutili che saboteranno il vostro bilancio. Cercate di essere prudenti.

Nonostante i conflitti con i colleghi e i superiori, riuscirete a raggiungere i vostri obiettivi e a ottenere importanti miglioramenti materiali. I lavoratori autonomi saranno sostenuti dal destino per riuscire in tutto ciò che intraprendono e potranno aumentare il loro potere d'acquisto.

Alla fine del mese, lasciatevi sorprendere dalla vita e godetevi i piaceri che vi offre, ricordate che non è importante solo il lavoro, ma anche divertirvi e passare del tempo con i vostri amici.

Numeri fortunati
3 - 6 - 11 - 19 - 21

Aprile 2024

L'amore sarà molto buono questo mese, se state iniziando a conoscere qualcuno probabilmente vi sentirete molto legati, dovete solo avere pazienza.

La famiglia passerà in secondo piano questo mese, ma non vi sentirete in colpa come in altri momenti.

Non smettete di conoscere questa persona che sta per apparire improvvisamente nella vostra vita, anche se vi sentite spaventati, è importante che non confondiate questa sensazione di incertezza con la paura. Si tratta di dubbi, legati a esperienze negative vissute in passato. Dovete dare una possibilità all'amore.

Monitorate attentamente la vostra salute. Il ritmo frenetico della vita può costringervi a ignorare alcune malattie ricorrenti, con conseguenze spiacevoli. Dovete trovare un equilibrio razionale tra lavoro e riposo. Dovreste dedicarvi a un hobby, comprare cose che desiderate da tempo, incontrare gli amici o passare del tempo con la vostra famiglia.

Alla fine del mese dovrete prendere decisioni importanti sul vostro futuro professionale. Se non avete un lavoro, dovrete analizzare alcune opzioni che non sembrano favorevoli in questo periodo.

Numeri fortunati

9 - 10 - 16 - 20 - 31

Maggio 2024

Una persona che conoscete molto bene prova dei sentimenti per voi. Questo cambiamento di atteggiamento è segno che è interessata a voi.

Sono molte le cose che accadono in casa vostra e di cui potreste non essere consapevoli.

Un viaggio di lavoro potrebbe aspettarvi alla fine del mese.

Non dovreste investire in immobili o comprare un'auto, perché queste acquisizioni possono causare problemi. Le spese saranno superiori a quelle inizialmente previste.

I Leone single saranno alla ricerca di un partner. Ricordate che la prima impressione e gli argomenti di conversazione interessanti sono importanti. È meglio agire con calma per non rovinare una relazione di successo.

Lavorate con molte persone e a volte alcune sono insopportabili. Non lasciatevi condizionare da questo; iniziate ad accettare gli errori degli altri, così come loro accettano i vostri. Dovete avere un confronto con qualcuno al lavoro, non lasciate che il rapporto vada a rotoli.

Numeri fortunati
7 - 8 - 16 - 22 - 31

Giugno 2024

Questo mese non lasciate che gli errori del passato vi impediscano di amare di nuovo, dovete fare il grande passo con la persona che state conoscendo. Non lasciate che altre persone si intromettano nella vostra relazione.

Inizierete questo mese combattendo il vostro cattivo umore e sentendovi molto sotto pressione e confusi. Invece di correre, dovreste prendervi una pausa. Usate questo tempo per pensare a ciò che volete fare. In ambito finanziario, avrete alcuni alti e bassi che saranno difficili da gestire a meno che non siate organizzati con le vostre spese.

Dovete cambiare il modo in cui svolgete il vostro lavoro, trovate difficile fare certe cose, soprattutto quando si tratta di tecnologia.

Alla fine del mese, tuttavia, sarete molto entusiasti ed eccellenti in tutto ciò che fate. Questo può rendere le persone invidiose del vostro successo.

Questo mese avrete problemi con l'apparato digerente, quindi concentratevi su una dieta sana ed equilibrata e cercate di riposare molto. Cercate di trovare la pace e la vostra armonia.

Numeri fortunati
5 - 9 - 13 - 20 - 26

Luglio 2024

Non è un buon mese per iniziare una storia d'amore e, per chi ha già una relazione, la situazione sarà critica. Se state frequentando una persona da un po' di tempo e ha tutte le carte in regola per essere felice, non abbiate paura di impegnarvi seriamente.

Dovete rivedere la vostra dieta. Camminare all'aperto e fare esercizio fisico frequentemente. Dovete perdere la paura di porre fine alle relazioni tossiche, perché dovete prendere il controllo della vostra vita. È ora di iniziare ad abbandonare le cattive abitudini.

Le restrizioni che state ponendo alla vostra vita e a quella dei vostri familiari, dovete metterle da parte. Non dovete sempre influenzare la vita degli altri. Se qualcuno sta facendo qualcosa di sbagliato, consiglialo, ma non decidere per lui.

Prima di prendere decisioni importanti in materia di investimenti, è bene parlarne con i propri cari. La vostra famiglia vi aiuterà a raggiungere il successo.

Ascoltate le loro idee. Una pianificazione finanziaria adeguata, unita a spese razionali, porterà alla stabilità finanziaria di cui avete bisogno.

Numeri fortunati
18 - 20 - 25 - 28 - 3

Agosto 2024

Durante questo mese non dovreste dare la colpa agli altri, anche se si tratta del vostro partner o dei vostri genitori. Ognuno deve essere responsabile della propria crescita.

Se volete avvicinarvi alla persona da cui siete attratti, dovete essere chiari su ciò che volete, perché questa persona è una persona che non fa giochetti e vuole essere un partner per tutta la vita. È probabile che sia la vostra anima gemella.

Non è possibile generare più denaro se non si investe. Siete stati troppo comodi nella vostra zona di comfort, ma dovete fare un salto di qualità.

Alla fine del mese, alcuni ostacoli saboteranno i vostri piani con ritardi e mancanza di comunicazione. C'è la possibilità di viaggiare all'estero, sia per divertimento che per lavoro. Ricordate di non perdere l'occasione di rinnovarvi nel vostro campo professionale, non volete avere successo con le stesse conoscenze acquisite durante gli studi, è bene continuare a imparare. È bene frequentare corsi avanzati, conoscere le nuove tecnologie e imparare a usarle.

Numeri fortunati
9 - 13 - 21 - 22 – 27

Settembre 2024

Questo mese ci sono aspetti planetari che influiscono sulla vostra professione. Una persona senza scrupoli vi farà rimanere indietro con un progetto.

Se non aveste un partner, dovreste pensare di uscire con gli amici e socializzare, perché l'amore è letteralmente sulla vostra strada. Ricordate che anche se c'è caos ovunque, non deve riguardare voi. Cercate di non lasciare che i problemi degli altri siano i vostri. Cercate di essere abbastanza vicini per osservare, ma abbastanza lontani per non sporcarvi le mani.

Questo mese sentirete il bisogno di chiamare qualcuno per scusarvi di un errore commesso; potrebbe trattarsi di un ex partner.

State entrando in una fase importante della vostra vita ed è ora di iniziare a pensare ai passi da compiere per realizzare tutto ciò che vi siete prefissati.

Le vostre azioni alla fine del mese porteranno i risultati desiderati. Le cose torneranno alla normalità. Se per caso un progetto è in ritardo, non cercate di affrettarlo, ma cogliete l'occasione per strutturarlo un po' di più, perché il ritardo è un segno che dovete occuparvi di dettagli che avete ignorato.

Numeri fortunati
5 - 6 - 26 - 31 - 33

Ottobre 2024

Questo mese vi troverete in situazioni che susciteranno emozioni molto forti che non riuscirete a gestire. Prenderete tutto sul personale.

Dal punto di vista finanziario, è consigliabile non fare troppi acquisti importanti. Cercate di tenere sotto controllo le spese.

Sarete in grado di raggiungere accordi favorevoli con i vostri superiori, anche se i risultati saranno visibili solo col tempo. Dovrete essere molto cauti nelle vostre reazioni.

Dovreste iniziare a prendervi più cura della vostra salute, è probabile che abbiate un problema di salute, non scoraggiatevi se un risultato medico non è quello che vi aspettavate, sarete in grado di ribaltare la situazione in seguito.

Vi troverete di fronte a qualcuno che ha molta influenza sul vostro lavoro, non potete lasciarvi sopraffare da questa persona, se le fate sarà sempre così.

Alcuni conflitti familiari renderanno la vostra vita amara alla fine del mese. È consigliabile mettere da parte i problemi e non permettere che la differenza che avete avuto cresca.

Numeri fortunati
4 - 5 - 18 - 20 – 32

Novembre 2024

Questo mese metterete da parte molte delle cose che vi piacciono e darete priorità al lavoro per guadagnare di più. Non smettete di fare esercizio fisico, perché ha grandi benefici per la vostra salute e il vostro umore. Dovreste anche lasciare spazio al divertimento, non tutto deve essere sempre lavoro, dovreste iniziare a divertirvi di più.

Avrete poca pazienza con le persone con cui lavorate, il che vi metterà a disagio al punto di voler lasciare il lavoro e cercare altre opzioni. Gli attriti sono normali, soprattutto quando si lavora ogni giorno con le stesse persone. Non dovreste lasciare il vostro attuale posto di lavoro perché è probabile che non riusciate a trovare qualcosa con le stesse condizioni.

Non è una buona idea lamentarsi di tutto con il proprio partner. L'amore è un investimento. Il denaro, il tempo e l'impegno che mettiamo si trasformano nel benessere della persona che amiamo.

Potreste voler collaborare con qualcuno che non conoscete per avviare un'attività. Dovete formulare le vostre strategie con saggezza.

Numeri fortunati
3 - 25 - 28 - 34 - 36

Dicembre 2024

Gli aspetti planetari di questo mese potrebbero rovinare i vostri sforzi. È molto probabile che le vostre idee siano confuse, quindi non prendete decisioni o aprite la bocca senza riflettere.

Il vostro modo di guadagnare cambierà. Avete l'opportunità di realizzare un grande risultato nel vostro lavoro.

Dovete essere più tolleranti nei confronti del vostro partner, non potete sempre pensare che gli errori che commette siano un motivo per chiudere la relazione.

Purtroppo, le conseguenze di decisioni prese mesi fa si ripercuoteranno su di voi. Dovreste mettere da parte le vostre ambizioni e concentrarvi sulle questioni familiari. Se state progettando dei cambiamenti in ambito professionale, è meglio aspettare l'anno prossimo.

Se desiderate una relazione, l'amore vi aspetta, c'è un'opportunità di romanticismo appassionato all'orizzonte.

Alla fine del mese, con le feste, si può soffrire di problemi di stomaco, che non vanno sottovalutati. Le persone in sovrappeso dovrebbero iniziare a pianificare la loro perdita di peso a gennaio. Alla fine dell'anno le cose sfuggono di mano o rallentano.

Numeri fortunati

5 - 11 - 16 - 34 - 36

I tarocchi, un mondo enigmatico e psicologico.

La parola Tarocchi significa "strada reale", è una pratica antica, non si sa esattamente chi abbia inventato i giochi di carte in generale, né i Tarocchi in particolare; ci sono le ipotesi più disparate a questo proposito.

Alcuni sostengono che siano nati ad Atlantide o in Egitto, ma altri credono che i tarocchi siano arrivati dalla Cina o dall'India, dall'antica terra degli zingari o che siano arrivati in Europa attraverso i catari. Sta di fatto che i tarocchi trasudano simbolismo astrologico, alchemico, esoterico e religioso, sia cristiano che pagano.

Fino a poco tempo fa, se si nominava la parola "tarocchi" ad alcune persone, era comune immaginare una zingara seduta davanti a una sfera di cristallo in una stanza circondata dal misticismo, oppure pensare alla magia nera o alla stregoneria, ma oggi le cose sono cambiate.

Questa antica tecnica è stata adattata ai nuovi tempi, è stata associata alla tecnologia e molti giovani hanno un forte interesse per essa.

I giovani si sono isolati dalla religione perché credono di non trovare lì la soluzione a ciò di cui hanno bisogno, si sono resi conto della dualità della religione, cosa che non accade con la spiritualità. Su tutti i social network si trovano account dedicati allo studio e alla lettura dei tarocchi, poiché tutto ciò che riguarda l'esoterismo è di moda; infatti, alcune decisioni gerarchiche vengono prese tenendo conto dei tarocchi o dell'astrologia.

Ciò che è notevole è che le predizioni solitamente legate ai tarocchi non sono le più richieste, mentre quelle legate alla conoscenza di sé e alla consulenza spirituale sono le più richieste.

I tarocchi sono un oracolo, attraverso i loro disegni e colori stimolano la nostra sfera psichica, la parte più intima che va oltre il naturale. Molte persone si rivolgono ai tarocchi come guida spirituale o psicologica, perché viviamo in tempi incerti e questo ci porta a cercare risposte nella spiritualità.

È uno strumento così potente che vi dice concretamente cosa sta succedendo nel vostro subconscio, in modo che possiate percepirlo attraverso la lente di una nuova saggezza.

Carl Gustav Jung, il famoso psicologo, ha utilizzato i simboli dei tarocchi nei suoi studi psicologici. Creò la teoria degli archetipi, dove scoprì un'ampia serie di immagini che aiutano la psicologia analitica.

L'uso di disegni e simboli per fare appello a una comprensione più profonda è spesso utilizzato in psicoanalisi. Queste allegorie fanno parte di noi e corrispondono a simboli del nostro subconscio e della nostra mente.

Il nostro inconscio ha delle zone oscure e, quando utilizziamo le tecniche visive, possiamo raggiungere diverse parti di esso e rivelare elementi della nostra personalità che non conosciamo. Quando riuscite a decodificare questi messaggi attraverso il linguaggio pittorico dei tarocchi, potete scegliere le decisioni da prendere nella vita per creare il destino che desiderate veramente.

I Tarocchi con i loro simboli ci insegnano che esiste un universo diverso, soprattutto al giorno d'oggi in cui tutto è così caotico e cerchiamo una spiegazione logica per ogni cosa.

Il Mondo, Tarocchi per il Leone 2024

Simbolo di successo, vittoria e vita confortevole. Significa la realizzazione dei vostri progetti. È la fine e l'inizio di qualcosa di migliore, un nuovo ciclo nella vostra vita.

I vostri sforzi daranno finalmente i loro frutti e indicheranno che avete raggiunto la fine di un viaggio o completato un periodo importante della vostra vita.

Avete affrontato difficoltà e sfide lungo il cammino, ma queste vi hanno reso più forti e più saggi. Più esperti di quando avete iniziato il vostro viaggio.

Questa carta dei Tarocchi è un indicatore di un cambiamento importante e inesorabile, di ampiezza tettonica. Questo cambiamento rappresenta un'opportunità per mettere fine al vecchio e iniziare bene il nuovo.

Indica maturità, un senso di equilibrio interiore e una comprensione più profonda.

Suggerisce che forse vi state avvicinando a una comprensione più matura della vostra identità e alla fiducia in voi stessi che arriva con l'età.

Rappresenta anche l'abbattimento delle barriere, a volte in senso spirituale, altre volte in senso puramente fisico, indicando un futuro di viaggi.

Rune dell'anno 2024

Le rune sono un insieme di simboli che formano un alfabeto. "Runa" significa segreto e simboleggia il suono di una pietra che si scontra con un'altra. Le rune sono un antico metodo magico e visionario.

Le rune non sono utilizzate per fare previsioni esatte, ma servono a guidarvi in un evento, un problema o una decisione futura.

Le rune hanno un significato specifico per la persona che le desidera, ma anche un messaggio legato alle avversità che si presentano nella vita.

Othila, Runa del Leone 2024

Nell'antichità, i Vichinghi attribuivano grande importanza alla runa Othila, che simboleggiava il benessere della famiglia e della casa.

Othila è una runa benefica per l'acquisizione di proprietà e per gli investimenti in beni materiali. Predice il successo in tutto ciò che si inizia, lo sviluppo personale e la realizzazione di obiettivi. Prevede che sarete ricompensati per il vostro coraggio e che si presenteranno opportunità di progresso.

Questa runa indica che dovreste chiedere il parere di professionisti per affrontare le sfide che avete di fronte.

Non è facile separarsi dai propri cari, ma è assolutamente necessario per raggiungere i propri obiettivi, che metteranno a rischio anche la sfera familiare, sociale e professionale. Accettate la sfida e concentratevi sul viaggio che state intraprendendo.

Non dovreste vivere una vita tridimensionale, perché vi consuma. Bisogna essere adattabili e capaci di cambiare rotta. Non si può sempre scappare, è il momento di fare il salto, di andare oltre e di stare in piedi da soli.

Quando si tratta di salute, vi consiglia di fare una pausa e di riposare. Siete stati troppo impegnati in troppe cose contemporaneamente o semplicemente troppo attivi, per questo vi consiglia di fermarvi.

Prendetevi una meritata vacanza e fate il pieno di energia per tornare di buon umore e continuare i vostri progetti o iniziare nuove attività.

Colori fortunati

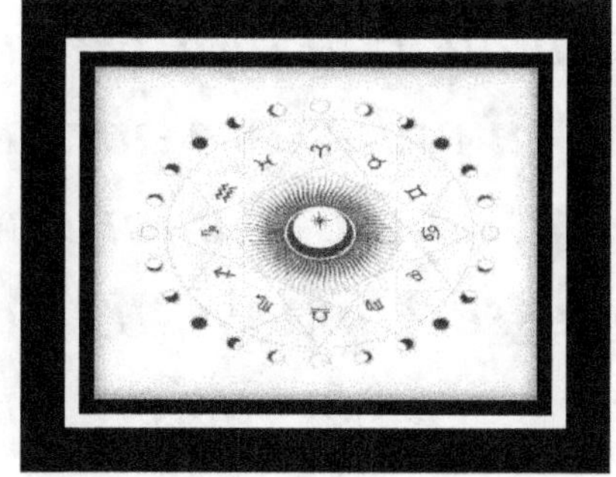

I colori hanno un'influenza psicologica su di noi: influenzano il nostro apprezzamento delle cose, la nostra opinione su qualcosa o qualcuno e possono essere usati per influenzare le nostre decisioni.

Le tradizioni per accogliere il nuovo anno variano da Paese a Paese e, la sera del 31 dicembre, si fa un bilancio di tutte le cose positive e negative vissute nell'anno che sta per finire. Si inizia a pensare a cosa fare per risollevare le sorti del nuovo anno.

Ci sono diversi modi per attirare l'energia positiva verso di noi quando diamo il benvenuto al nuovo anno, e uno di questi è indossare o utilizzare accessori di un colore specifico che attragga ciò che vogliamo per l'anno a venire.

I colori hanno cariche energetiche che influenzano la nostra vita; quindi, è sempre consigliabile dare il benvenuto all'anno indossando un colore che attiri le energie di ciò che vogliamo realizzare.

A tal fine, esistono colori che vibrano positivamente con ogni segno zodiacale, per cui si consiglia di indossare abiti della tonalità che attirerà prosperità, salute e amore nel 2024 (questi colori possono essere indossati anche durante il resto dell'anno per le occasioni importanti o per migliorare la giornata).

Ricordate che, sebbene sia più comune indossare biancheria rossa per la passione, rosa per l'amore e gialla o oro per l'abbondanza, non potete mai associare il vostro abbigliamento al colore che più giova al vostro segno zodiacale.

Colore fortunato per Leone

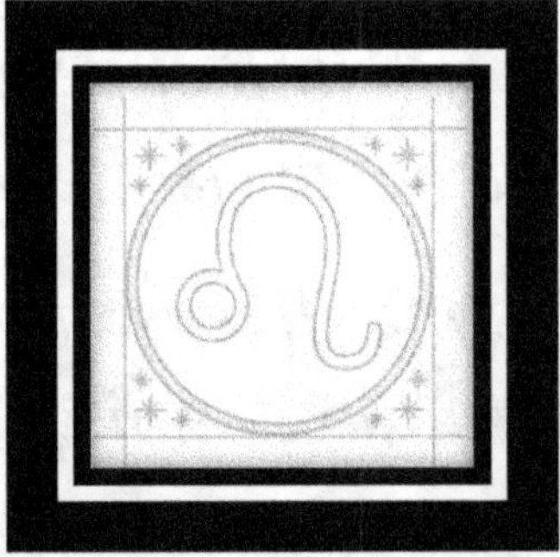

Rosa

Le parole chiave del colore rosa sono: innocenza, amore, dedizione totale e aiuto agli altri.

Il rosa è un colore emotivamente rilassante e influenza le sensazioni, rendendole morbide, soavi e profonde.

Ci fa provare affetto, amore e protezione. Inoltre, ci tiene lontani dalla solitudine e ci rende persone sensibili.

Così come il rosso riflette maggiormente il lato sessuale, il rosa è associato all'amore altruistico e vero.

Il rosa è il colore dell'amore universale, dell'amore per sé stessi e per gli altri, dell'amicizia, dell'affetto, dell'armonia e della pace interiore.

Usate il rosa quando volete incoraggiare una relazione, sia essa di amicizia o romantica.

Portafortuna

Chi non ha un anello fortunato, una catenina che non si stacca mai o un oggetto che non scambierebbe per nulla al mondo? Tutti noi attribuiamo un potere speciale a certi oggetti che ci appartengono e questo carattere speciale che assumono per noi li rende oggetti magici.

Affinché un talismano possa funzionare e influenzare le circostanze, chi lo indossa deve avere fede in esso e questo lo trasformerà in un oggetto prodigioso, capace di fare tutto ciò che gli viene chiesto.

Normalmente, un amuleto è un qualsiasi oggetto che porta al bene come misura preventiva contro il male, i danni, le malattie e la stregoneria.

Gli amuleti portafortuna possono aiutarvi ad avere un anno 2024 benedetto a casa, al lavoro, in famiglia, ad attirare denaro e buona salute. Affinché gli amuleti funzionino correttamente, non bisogna prestarli a nessuno e bisogna tenerli sempre a portata di mano.

Gli amuleti sono esistiti in tutte le culture e sono realizzati con elementi della natura che fungono da catalizzatori di energie che contribuiscono a creare i desideri umani.

All'amuleto viene attribuito il potere di allontanare il male, gli incantesimi, le malattie, le catastrofi o di contrastare i cattivi auspici lanciati attraverso gli occhi degli altri.

Amuleto per il Leone

Unicorno.

L'unicorno simboleggia la speranza di guarigione e la forza che tutti cerchiamo. L'unicorno può essere usato per amplificare i vostri doni psichici.

L'unicorno rappresenta la purezza, l'amore incondizionato e la magia. Questa creatura mitologica è stata a lungo venerata per la sua forza divina e per essere una fonte di energia che ci permette di connetterci con il regno spirituale. La presenza dell'unicorno nella vostra vita vi ricorderà che la magia e l'amore sono sempre presenti e che siete forti. È un animale che attira la fortuna e la giustizia. Simbolo di purezza, vi protegge e vi mette al riparo da ogni male.

Quarzo portafortuna

Siamo tutti attratti da diamanti, rubini, smeraldi e zaffiri, che sono ovviamente pietre preziose. Anche le pietre semipreziose come la corniola, l'occhio di tigre, il quarzo bianco e il lapislazzuli sono molto apprezzate, in quanto sono state utilizzate come ornamenti e simboli di potere per migliaia di anni.

Ciò che molti non sanno è che erano apprezzati per qualcosa di più della loro bellezza: ognuno di essi aveva un significato sacro e le loro proprietà curative erano importanti quanto il loro valore ornamentale.

I cristalli continuano ad avere le stesse proprietà anche oggi, la maggior parte delle persone conosce quelli più popolari come l'ametista, la malachite e l'ossidiana, ma sono diventati noti anche nuovi cristalli come i lari mar, la petalita e la fenacita.

Un cristallo è un corpo solido con una forma geometricamente regolare; i cristalli si sono formati quando la Terra è stata creata e hanno continuato a metamorfosarsi man mano che il pianeta cambiava; i cristalli sono il DNA della Terra, sono magazzini in miniatura che contengono lo sviluppo del nostro pianeta nel corso di milioni di anni.

Alcuni sono stati piegati sotto pressioni straordinarie, altri sono cresciuti in camere sotterranee, altri ancora sono stati creati per sgocciolamento. Qualunque sia la loro forma, la loro struttura cristallina può assorbire, conservare, concentrare ed emettere energia.

Il cuore del cristallo è l'atomo, con i suoi elettroni e protoni. L'atomo è dinamico ed è costituito da una serie di particelle che ruotano intorno al centro in costante movimento; quindi, anche se il cristallo può sembrare immobile, in realtà è una massa molecolare vivente che vibra a una certa frequenza ed è questo che dà al cristallo la sua energia.

Le pietre preziose erano una prerogativa regale e sacerdotale, i sacerdoti del giudaismo indossavano un pettorale pieno di pietre preziose che era molto più di un emblema per designare la loro funzione, in quanto trasferiva il potere a chi lo indossava.

Le pietre sono state utilizzate dall'uomo fin dall'età della pietra, in quanto avevano una funzione protettiva, allontanando vari mali da chi le indossava. Oggi i cristalli hanno lo stesso potere e possiamo scegliere i nostri gioielli non solo in base alla loro attrattiva esterna, ma anche perché averli vicino può aumentare la nostra energia (corniola arancione), purificare lo spazio intorno a noi (ambra) o attrarre ricchezza (citrino).

Alcuni cristalli, come il quarzo fumé e la tormalina nera, hanno la capacità di assorbire la negatività, emettendo energia pura e pulita.

Portare al collo una tormalina nera protegge dalle emanazioni elettromagnetiche, comprese quelle dei telefoni cellulari. Un citrino non solo attira la ricchezza, ma aiuta anche a conservarla. Collocatelo nella parte più ricca della casa (il retro del lato sinistro, più lontano dalla porta d'ingresso).

Se state cercando l'amore, i cristalli possono aiutarvi. Posizionate un quarzo rosa nell'angolo delle relazioni della vostra casa (l'angolo in fondo a destra più lontano dalla porta d'ingresso) e il suo effetto sarà così potente che potreste voler aggiungere un'ametista per compensare l'attrazione.

Potete anche usare la rodocrosite e l'amore arriverà.

I cristalli possono guarire e dare equilibrio, alcuni cristalli contengono minerali noti per le loro proprietà terapeutiche, la malachite ha un'alta concentrazione di rame, indossare un braccialetto di malachite permette al corpo di assorbire quantità minime di rame.

Il lapislazzuli allevia l'emicrania, ma se il mal di testa è causato dallo stress, l'ametista, l'ambra o il turchese posizionati sopra le sopracciglia aiutano.

Il quarzo e i minerali sono gioielli della madre terra, datevi la possibilità di connettervi con la magia che emanano.

Quarzo fortunato per il Leone 2024

Corniola

Quarzo positivo per coloro che hanno difficoltà di concentrazione, che sono mentalmente alienati o complicati nella vita. Dà coraggio e protezione. È adatto alle persone malinconiche.

Viene utilizzato come talismano nelle case e nelle aziende per difendersi dal malocchio e dall'invidia. È legata all'energia dell'autorità e della passione.

È consigliato per il successo professionale, per rassicurare i dubbi e per dare chiarezza mentale quando si deve prendere una decisione professionale.

Per chi ha difficoltà a parlare in pubblico, la corniola aiuta a trovare il coraggio di affrontare questo ostacolo. È consigliata a chi ha problemi di nervosismo, poiché la proiezione energetica del quarzo aiuta ad addormentarsi e a calmarsi, favorendo il riposo fisico e mentale.

Leone e la vocazione

Il Leone ha un eccellente senso dell'integrità. È leale e ha molti valori personali. Cerca sempre di prendere decisioni in base a ciò che ritiene giusto, senza mettere a repentaglio le esigenze o gli interessi degli altri.

Avete un cuore nobile e apprezzate la lealtà sopra ogni cosa. Non sopportano il tradimento, il comportamento subdolo o la mancanza di valori. Questo li rende molto simpatici e il loro atteggiamento positivo e il duro lavoro li spingono verso diverse vocazioni e a eccellere in tutto ciò che fanno.

Le migliori professioni

La loro capacità di assumere ruoli di comando li rende buoni capi, il che li pone sempre sotto i riflettori o in posizioni di potere. Sono molto socievoli e di buon umore. Posizioni di autorità, rappresentanza, politica, sport ad alto rischio e presidenti.

Compatibilità Leone e segni zodiacali

Simboleggiato dal Leone, questo segno non ve lo farà dimenticare. Sebbene il suo carattere sia allegro, ha anche una durezza feroce che accompagna il suo ululato. Tutto ciò che fa il Leone è tragico e quando si arrabbia è meglio non intralciarlo. È un segno fisso, molto deciso nelle sue idee, costante nei suoi obiettivi e ostinato nel suo modo di agire.

Il Leone è un complice diligente che mette il cuore in ogni relazione. Certo, possono anche essere incredibilmente intransigenti, ma la loro testardaggine è sempre uno spaccato della loro onestà.
Il Leone è ispirato dal dramma, ma è anche profondamente sensibile. Il Leone è senza dubbio il più emotivo di tutti i segni di fuoco e si ferisce facilmente; quindi, il vostro partner dovrà sapere come prendersi cura di questo tenero esemplare.

La lealtà è molto importante per il Leone, quindi quando entrerete nel suo dominio, vi chiederà amore assoluto. Quando questo segno si sente ferito, è meglio non dargli consigli; il Leone cerca sollievo, non promemoria; quindi, si sentirà tradito dal partner se inizierà a dare la sua opinione su qualsiasi situazione.

Il Leone vi spingerà al limite perché ama essere messo alla prova, sa fin dall'infanzia di essere un reale zodiacale e anche il Leone più prudente avrà un atteggiamento regale.

Questo segno non si stanca mai di ricevere applausi. Cene opulente, feste esclusive e abiti firmati lo fanno sentire amato. Quando lo cercate, tenete presente che non è facile seguire il suo ritmo. A volte può essere difficile frequentare un segno così rigido. Ma alla fine ne vale la pena.

Una volta che vi siete riservati un posto nel cuore di un Leone, non vorrete certo cedere il trono. Al Leone non importa se il suo partner ha un ego; al contrario, il Leone vuole che il suo partner sia vanitoso e molto sicuro di sé. Il Leone non cerca un egocentrico, ma questa creatura impavida deve assicurarsi che il suo partner sappia portare la corona con dignità.

Il Leone apprezza il concetto di partner come estensione di sé stesso. Poiché questo segno di fuoco è noto per la sua impavidità in tutto, dalle avventure creative alle storie d'amore in stile hollywoodiano, è importante che si abbini a qualcuno che sappia esattamente cosa sta cercando.

Quando si tratta di sessualità, il focoso Leone può brillare anche a letto. L'eccitazione sessuale più grande per un Leone è sentirsi desiderato. Sono stregati dalla seduzione e l'affetto deve essere dimostrato attraverso incontri ostentati e grandiose espressioni romantiche. Questo segno urla all'idea di essere desiderato, soprattutto quando questo ardente desiderio si traduce in amore appassionato.

Questo Leone focoso si innamora sempre, gli piace che le sue storie d'amore siano grandi come la sua personalità e niente lo fa ululare più forte dell'adorazione spudorata. Ha bisogno di essere al centro dell'attenzione e può quindi essere sedotto da storie d'amore pericolose.

Il Leone non resiste facilmente alle lodi, quindi gravita verso di esse. Se il dramma si conclude prematuramente e il Leone viene abbandonato, la storia è diversa. All'inizio la sua reazione è solitamente di shock e, dopo questa fase, prova un'ansia devastante nel mostrare la sua sofferenza.

Anche se le cose si fanno serie, il Leone è una creatura invulnerabile che ritroverà la via della luce, perché il Leone è allegro e impavido e si rifiuta di accettare il fallimento. Il Leone è sempre alla ricerca di un partner che stimoli il suo spirito perché, in fondo, odia la noia.

Leone e Ariete, una relazione di puro fuoco in cui non è facile contenere le fiamme. Questi segni si nutrono l'uno dell'altro, creando un'entusiasmante collaborazione basata sul desiderio e sull'audacia. L'Ariete comprende volentieri il carisma dominante del Leone. L'Ariete, che ha bisogno di molto affetto, è confortato dalla nobiltà e dal calore del suo partner

Leone. Sebbene entrambi i segni siano sicuri di sé, la loro generosità si manifesta in modo molto disomogeneo. Il Leone porta sempre il cuore in mano, mentre l'Ariete si preoccupa soprattutto di uscire trionfante. Sebbene questi segni possano dare il meglio di sé in una relazione, devono anche tenere sotto controllo il proprio ego. Altrimenti, la relazione tra Leone e Ariete potrebbe finire per scomparire.

Il Leone e il Toro *sono individui leali e obbedienti, ma la loro pedanteria e testardaggine può talvolta portare a grandi opposizioni. Al Toro non piace lo sfarzo del Leone e il Leone si trova a brontolare contro l'ostinazione del toro.*

In coppia, Leone e Toro dovrebbero verificare che le loro motivazioni non siano eccessivamente materialiste, ma adottare un atteggiamento più distaccato che sostenga una partnership paritaria. Dopo tutto, Leone e Toro hanno molto in comune, entrambi amano le cose belle della vita. Quindi, se entrambi vi concentrate sulle vostre somiglianze piuttosto che sulle vostre differenze, potrete godere di una relazione divertente.

Quella tra Leone e Gemelli *è una relazione inizialmente sexy e audace. Il Leone ha bisogno di sentirsi un re e in qualche modo il Gemelli ha sempre contatti con i luoghi più importanti della città.*

Tuttavia, alla fine della giornata, il Leone vuole essere al caldo con un partner fedele. Purtroppo, i Gemelli potrebbero non essere in grado di svolgere questo ruolo, perché vogliono continuare a fare festa. In questa relazione, entrambi devono imparare a adattarsi alle esigenze dell'altro. Il Leone deve contare sulla perenne cordialità dei Gemelli e i Gemelli devono rispettare la fedeltà emotiva del Leone. Quando questi due segni sono in sintonia, questa coppia è efficiente, giocosa e molto divertente.

Il Leone e il Cancro *non sono una relazione confortevole. Il Leone si sente sopraffatto dal cattivo umore del Cancro e il Cancro si irrita per l'eccessiva drammaticità di quest'ultimo. Se questi due sono determinati a far funzionare la loro relazione, dovranno unirsi intorno ai valori che condividono, come la lealtà, la famiglia e l'onestà. È probabile che il Leone e il Cancro si sollevino a vicenda, aiutandosi a raggiungere il loro pieno potenziale attraverso l'amicizia. Affinché non ci siano conflitti, questa coppia deve raggiungere un accordo e rispettarne le condizioni.*

Leone e Leone *sono la coppia più maestosa dello zodiaco. Il Leone ama celebrare il suo splendore, quindi quando due Leonini si mettono insieme, passano la maggior parte della loro relazione a parlare del loro amore. Questa combinazione è* *impetuosa e destinata a essere piena di sorrisi, nobiltà e tanta idolatria. Ma nessun regno è perfetto e poiché il Leone ha un ego piuttosto esagerato, c'è da aspettarsi delle opposizioni. Sia che lottino per le luci della ribalta, per il telefono o per i riconoscimenti, il loro reciproco bisogno di lodi può mettere sotto pressione la relazione. Tuttavia, il Leone è in grado di calmarsi e, per far funzionare questa relazione, ognuno dovrebbe accarezzare spesso i capelli dell'altro e trovare il tempo per la passione.*

Leone e Vergine *- Nonostante siano una coppia improbabile in linea di principio, il focoso Leone e l'idealista Vergine possono trarre qualità positive l'uno dall'altro. Ciascun segno deve essere consapevole che questa relazione richiederà molta comprensione, tolleranza e, cosa forse più importante, integrità e lealtà. All'inizio, la Vergine ammira l'eccentricità e la sottigliezza sociale del Leone. Il Leone si abbandona a questa idolatria, fino a quando la lucentezza comincia a svanire. La Vergine ha l'abitudine di idealizzare, ma poiché nulla è assolutamente perfetto, questo segno di terra può disilludersi rapidamente. Affinché questa coppia funzioni, è importante che ogni segno si assicuri che la relazione sia stabilita per il giusto motivo, assicurandosi che il rapporto non sia guidato dall'ego.*

Il Leone e la Bilancia *sono una relazione efficace quando insieme, il generoso Leone e la raffinata Bilancia apportano i loro migliori attributi al rapporto. Insieme, sono estremamente socievoli e incomparabilmente divertenti, caratteristiche che vengono stabilizzate dal dono della Bilancia. Tuttavia, poiché la Bilancia ama mantenere la pace, tende a essere piuttosto esitante. Il Leone esige una fedeltà coraggiosa, quindi la preoccupazione della Bilancia può essere frustrante. La Bilancia può sentirsi un po' soffocata dalla possessività del Leone. Tuttavia, se riescono a conciliare le loro differenze, il Leone e la Bilancia andranno molto d'accordo.*

Leone e Scorpione*, sebbene l'energia del fuoco possa talvolta sentirsi limitata dall'acqua, questa relazione è una combinazione potente. Entrambi sono segni fissi, con forti convinzioni e opinioni ferme. Di conseguenza, c'è un'ovvia tensione tra questi due segni, che può portare a discussioni e, forse soprattutto, a sesso di prima classe. Il Leone è particolarmente sedotto dalla natura misteriosa dello Scorpione, mentre lo Scorpione è stimolato dal Leone. Tuttavia, questi due devono darsi tempo per stabilire l'intimità. Poiché il Leone e lo Scorpione hanno modi così diversi di muoversi nel mondo, ognuno deve imparare a percepire le sfumature dell'altro. Una volta stabilita la fiducia, né il Leone né lo Scorpione vorranno separarsi.*

Il Leone e il Sagittario sono una relazione efficace. Il Leone ha una fiamma ardente ma contenuta, che ha bisogno solo di un pubblico. Il Sagittario, invece, non conosce limiti. Di conseguenza, il Leone tende ad avvicinarsi a questo segno che lo ammira. Anche il Sagittario apprezza la brillantezza del Leone, anche se in questa relazione cerca sempre la sua libertà. Una coppia Leone-Sagittario può passare ore a parlare, ridere e ammaliare con storie dinamiche e battute di spirito.

Il Leone e il Capricorno sono creature diverse: la serietà del Capricorno si concentra sui benefici a lungo termine, mentre il Leone è spinto dalla fama e dalla fortuna. Tuttavia, magicamente, Leone e Capricorno formano un'eccellente coppia romantica. Entrambi i segni sono molto insaziabili, quindi, sebbene le loro tecniche siano diverse, si rispettano a vicenda e le eventuali discussioni che sorgeranno saranno di circostanza.
Quando lavorano insieme, Leone e Capricorno possono raggiungere la grandezza. Il Capricorno insegna al Leone la capacità di astrazione e il Leone insegna al Capricorno l'arte di divertirsi. Se investono pienamente nella loro relazione, raccoglieranno grandi frutti.

Leone e Acquario, *essendo segni opposti, formano una coppia interessante. Mentre il Leone simboleggia il sovrano, l'Acquario rappresenta l'umanità. Se associati, possono creare un sistema di controlli ed equilibri reciproci, guidati dalla giustizia e dal pensiero progressista. Questa relazione esiste in un regno bello e abbondante, ma a volte l'Acquario vede il Leone come un egoista.*
In questa relazione, entrambi devono sforzarsi di comprendere la prospettiva dell'altro. Per farlo con successo, il Leone deve tenere a freno il suo ego e l'Acquario deve aumentare la sua compassione. Questa relazione ha un potenziale incredibile, quindi un sano compromesso darà sicuramente i suoi frutti.

Quella tra Leone e Pesci è *una relazione eccellente. Il Leone è più felice quando può emettere liberamente la sua luce radiosa e tropicale. I Pesci sono interconnessi con il mare e, proprio come l'oceano riflette la luce del sole in lontananza, i Pesci sono felici di accogliere, e persino enfatizzare, la vibrante luminosità del Leone. Sebbene questa relazione possa essere efficace e seducente, è importante che il maestoso Leone non venga inghiottito dall'estrema sensibilità dei Pesci.*

Per garantire una relazione felice, i due devono impegnarsi ad accogliere le qualità più forti dell'altro, apprezzando le loro differenze e rispettandole sinceramente.

Segni di non fare affari con

Toro, Gemelli e Scorpione, i legami tra questi segni sono deboli rispetto alle differenze.

Segni da associare

Capricorno, Bilancia e Pesci. Questi segni hanno un senso pratico e sanno come investire il denaro. Sono responsabili e seri. Sanno come investire negli affari.

Rituali del denaro

Incantesimo per ottenere un lavoro.

È necessario:

- 1 candela bianca

- 1 candela combinata gialla e nera

- 1 bustina di tessuto rosso

- 1 nastro giallo

- 2 fogli di carta gialla

- Gelatina d'api

- *Ruda*

- *Carbone*

- *1 quarzo citrino*

- *1 profumo o lavanda*

- *Nuovo ago da cucito*

- *Nuova lastra di vetro di grandi dimensioni*

Scrivete il vostro nome e cognome sulla candela bianca, usando il nuovo ago, che poi sotterrerete nel cortile della vostra casa. Accendete la candela bianca.

Poi, su uno dei fogli di carta gialla, scrivete la vostra richiesta di un nuovo lavoro, includendo dettagli specifici come i soldi che volete guadagnare e la posizione che desiderate; spalmate la gelatina d'api, piegatela in quattro pezzi e mettetela sul nuovo piatto.

Mentalizzate la vostra richiesta e ripetetela per tutto il rituale. Accanto al piatto, mettete il sacchetto con la ruta che userete per l'incenso, qualche goccia di profumo e il quarzo citrino.

Poi si accende il carbone e si aggiunge la ruta. L'incenso viene fatto partire dal punto più lontano dalla porta d'ingresso, cioè dal retro verso il davanti; poi viene lasciato bruciare da solo, vicino al rito.

Sull'altro pezzo di carta gialla, scrivere il nome e cognome della persona. Con questa carta avvolgere la candela bicolore, accenderla e posizionarla accanto al piatto, al sacchetto che funge da talismano e alla boccetta di profumo (sempre aperta), ripetendo tre volte: "Qui e ora si avverano tutti i miei desideri per il mio progresso personale e per quello della mia famiglia". Mettete l'agrume all'interno del sacchetto e chiudetelo con il nastro giallo. Quando la candela si spegne, il sacchetto funge da amuleto.

Incantesimo per ottenere un lavoro migliore.

È necessario:

- 1 candela gialla e rossa combinate.

- 1 candela rossa

- 1 candela nera

- 7 candele gialle

- 1 cartuccia di carta

- Mel

- Carbone;

- Incenso all'eucalipto

- 3 foglie di ruta

- 3 foglie di menta

- 1 bottiglia di profumo

- 1 nuovo vassoio in metallo

- 1 ago da cucito nuovo

Scrivere il proprio nome e cognome sulla candela bicolore con l'ago. Sulla candela nera, il nome dell'azienda.

Sulla candela verde, il lavoro a cui aspirate e sulla candela rossa, di nuovo il vostro nome completo.

Sulla carta della cartuccia, è necessario specificare il lavoro per il quale ci si vuole candidare o l'azienda per la quale si lavora.

Questa carta deve essere spalmata di miele, piegata in quattro e posta nel vassoio.

Sulle sette candele gialle si scrive il lavoro che si vuole fare con l'ago.

Quando tutto è pronto, accendete il carbone e metteci sopra la ruta e le foglie di menta, con qualche goccia del profumo scelto.

Lasciatela bruciare mentre accendete la candela bicolore e mettetela accanto alla candela con la carta (quella che avete unto con il miele).

Accendete tutte le seguenti candele con la stessa fiamma: la candela nera a sinistra del vassoio, la candela verde a destra e la candela rossa al centro.

Gli avanzi possono essere gettati nella spazzatura.

Incantesimi per avere successo ai colloqui di lavoro.

Mettete tre foglie di salvia, basilico, prezzemolo e ruta in un sacchetto verde. Aggiungete un quarzo occhio di tigre e una malachite. Chiudete il sacchetto con un nastro dorato. Per attivarlo, mettetelo nella mano sinistra all'altezza del cuore e, qualche centimetro sopra, metteteci la mano destra, chiudete gli occhi e immaginate che dalla mano destra esca energia bianca verso la mano sinistra, coprendo il sacchetto. Conservatela nel portafoglio o in tasca.

Pulizia per ottenere clienti.

Pestare dieci nocciole sgusciate e un rametto di prezzemolo in un mortaio e pestello. Far bollire due litri di acqua di luna piena e aggiungere gli ingredienti pestati. Lasciate bollire per dieci minuti e poi filtrate. Con questo infuso pulirete il pavimento della vostra attività, dalla porta d'ingresso al retro. Ripetete questa pulizia ogni lunedì e giovedì per un mese, possibilmente nel periodo del pianeta Mercurio.

Incantesimo per creare uno scudo economico per la vostra azienda.

È necessario:

- 5 petali di fiori gialli

- Semi di girasole

- Buccia di limone essiccata al sole

- Farina di frumento

- 3 monete per tutti i giorni

Pestare i fiori gialli e i semi di girasole in un mortaio e pestello, quindi aggiungere la scorza di limone e la farina di frumento.

Mescolare bene gli ingredienti e conservarli insieme alle tre monete in un barattolo a chiusura ermetica.

Questo preparato va usato ogni mattina prima di uscire di casa. Posizionare prima la punta delle cinque dita della mano sinistra e poi quella della mano destra nel flacone, quindi strofinarlo sui palmi delle mani.

Rituale per evitare di perdere il lavoro.

È necessario:

- 1 grande chiodo arrugginito

- 1 tazza di marmellata di guaiva

- 1 sacchetto di plastica piccolo

- 1 bustina di tessuto giallo

- 1 candela arancione

- 1 candela viola

- 3 foglie di alloro

- 1 ago e filo

Posizionare la candela arancione e la candela viola sul bordo di una finestra e collocare il bicchiere di marmellata di guaiva tra di esse. Accendere le candele. Inserite il chiodo nella caramella in modo che non sia visibile. Mentre lo fate, ripetete nella vostra mente: "Sono una persona che merita questo lavoro, gli spiriti guida proteggono il mio lavoro, il mio denaro e le mie energie". Il giorno dopo, estraete il chiodo di garofano e, senza pulirlo, mettetelo nel sacchetto di plastica e poi in quello giallo, insieme alle tre foglie di alloro. Mettete questo sacchetto nel luogo in cui lavorate.

Rituale per fare un'ottima impressione il primo giorno di lavoro.

È necessario:

- 2 chiodi da 5 cm (nuovi)

- 1 pezzo di nastro viola

- 1 pezzo di nastro adesivo bianco

- 1 candela viola

- 1 candela bianca

È più efficace se lo fate di mercoledì, all'ora del pianeta Mercurio.

Scrivete il nome dell'azienda in cui lavorerete sulla candela viola con uno dei chiodi e lasciatelo accanto alla candela viola. Poi scrivete il vostro nome sulla candela bianca con l'altro chiodo. Prendete il chiodo che avete scritto sulla candela viola e seppellitelo al centro della candela, mentre ripetete mentalmente "Quando questo chiodo raggiungerà il cuore della candela, la mia aura avvolgerà i miei capi e i miei collaboratori" (scaldate prima il chiodo per facilitare l'operazione). Poi mettete l'altro chiodo nella candela bianca e ripetete mentalmente: "Il mio angelo custode mi protegge e mi guida verso il successo". Accendete le candele e, quando sono esaurite, prendete i due chiodi e legateli insieme con i nastri.

Dovreste tenerli nel vostro ufficio.

Ricetta magica per aumentare la fortuna

È necessario:

- 1 rosa di Gerico

- Acqua fiorita

- Verde lavanda

- Quarzo citrino

- Quarzo occhio di tigre

- Acqua di Luna Piena

Mettere le essenze in un contenitore di vetro con l'acqua della Luna Piena.

Quindi posizionate il quarzo e la rosa di Gerico. Questo contenitore dovrebbe essere collocato come ornamento nella vostra azienda o ufficio.

Incantesimo per l'abbondanza nel lavoro.

È necessario:

- 7 contenitori in argilla

- Miele di api vergini

- Foglie di menta

Mescolate il miele e le foglie di menta, distribuite il contenuto in vasi di argilla e distribuiteli in casa o in ufficio.

Questo incantesimo dovrebbe essere lanciato il primo giorno del mese, all'ora del pianeta Giove.

Per rafforzare questo rituale, quando distribuite i contenitori, ripetete ad alta voce: "Addolcisco la mia vita, la mia casa e il mio ufficio e invoco i quattro elementi affinché mi portino successo e denaro, qui e ora, in perfetta armonia e per il bene di tutti".

I migliori paesi e città in cui vivere

Paesi: *Francia, Italia, Repubblica di Macedonia, Stati Uniti e Romania.*

Città: *Boemia, Sicilia, Roma, Ravenna, Baht, Bristol, Taunton, Praga, Damasco, Bassora, Puglia, Philadelphia, Los Angeles, Chicago e Bombay.*

Incenso e Leone essenziali per il denaro

Olio essenziale di limone e incenso: ha proprietà mistiche, allevia lo stress e attira la gioia.

Piante in cambio di denaro

Menta piperita: *la menta piperita è da sempre nota per le sue proprietà medicinali, ma il semplice fatto di averla in casa aiuta a eliminare le cattive vibrazioni e ad attirare la prosperità economica.*

Quarzo per soldi

Turchese: *quarzo che attira fortuna e denaro. Le energie di protezione e abbondanza che emana proteggono la stabilità economica.*

Ciondoli di denaro

I Pentacoli di Giove che vi garantiranno la prosperità.

I pentacoli sono figure magiche in grado di trasmettere energie positive all'ambiente circostante. L'azione dei pentacoli di Giove deriva dalla combinazione di lettere, segni e formule benefiche; essi simboleggiano un desiderio in modo grafico e mistico. Agiscono chiaramente sulla psiche delle persone che entrano in contatto visivo con loro.

La più grande raccolta di pentacoli si trova nelle Clavicole di Re Salomone, un volume di alta magia attribuito a questo re biblico. Contiene 36 pentacoli con obiettivi diversi e tra questi ci sono i sette pentacoli di Giove.

Pentacoli per prosperare.

Lo scopo di questi pentacoli è quello di procurare abbondanza, risolvere conflitti di lavoro e aiutare a ricevere più direttamente tutti i tipi di benefici che garantiscono una maggiore prosperità.

Giove, il cosiddetto Grande Benefico dell'astrologia, è un pianeta legato all'espansione, all'ottimismo, ai legami con persone potenti e alla capacità di fare fortuna. Dovete disegnarli con grande concentrazione e con l'intenzione che manifestino la vostra volontà. Il materiale più adatto è un pezzo di pergamena. Una volta terminati, vanno appesi in un luogo visibile, ad esempio sulla cassa o nel portafoglio (si possono stampare).

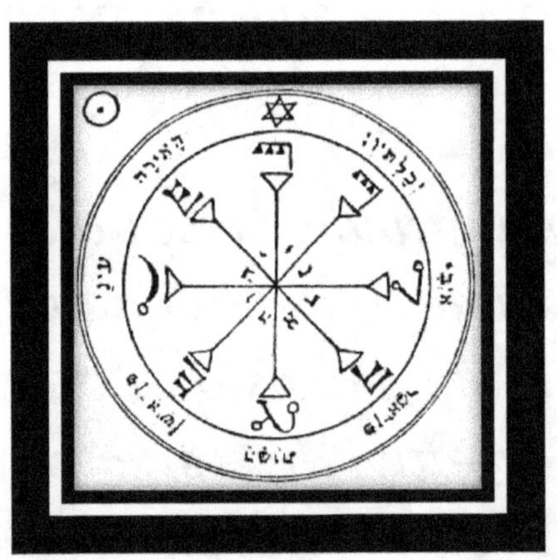

Affermazioni per ricevere denaro

Questi decreti devono essere eseguiti per 21 giorni in modo da poterne vedere i risultati, possibilmente tre volte al giorno. Se li ripetete ad alta voce, saranno più potenti.

> *Io sono amore infinito, fonte di ricchezza, abbondanza, prosperità*
>
> *Io sono l'abbondanza perfetta e la ricchezza divina.*
>
> *Sono prospera nella mia attività e nelle mie finanze.*
>
> *Sono la saggezza divina che plasma intelligentemente tutta l'esistenza. Cammino sicuro nell'abbondanza. Mi vedo nella prosperità.*

Vacanze

Le vacanze apportano benefici fisici e mentali. È stato dimostrato che le vacanze riducono i livelli di stress e apportano benefici al sistema immunitario. A volte la pianificazione di una vacanza è causa di stress perché le opzioni sono infinite e la decisione diventa un compito chimerico.

Utilizzando l'astrologia e comprendendo la vostra personalità, potete individuare il luogo di vacanza più adatto a voi.

***Ariete**, un resort all-inclusive con attività sportive all'aperto in una località calda come Punta Cana, Cancun e le Isole Turks e Caicos sarebbe l'ideale. L'Australia è un Paese eccitante, ricco di emozioni che fanno battere il cuore.*

***Toro**, un soggiorno in un resort di lusso alle Isole Cayman o una vacanza di lusso a Dubai, in un hotel con tutti i comfort, saranno molto attraenti. L'Italia è il Paese perfetto, perché vi troverete tutto ciò che avete sempre sognato: amore, fascino, lusso, cibo meraviglioso e vini di prima qualità.*

***Ai Gemelli** piace sentirsi intellettualmente impegnati. Le escursioni guidate, come un safari in Africa o la* ricerca delle specie delle isole Galapagos, offrono al comunicatore dello zodiaco un'esperienza di lusso.

Cancro, viaggi brevi, circondati da famiglia e amici. Disney World, con i suoi divertimenti e il suo cibo vario, è un'opzione. A Orlando, in Florida, ci sono diversi hotel e resort fantastici, ognuno con un tema unico e affascinante.

Leone, soggiornare in un bungalow sul mare a Tahiti è fantastico per questo segno. Un'altra alternativa di lusso, che i Leone amano, sarebbe quella di affittare un'isola tropicale privata alle Maldive, alle Fiji o alle Isole Vergini.

Vergine, l'Italia è la scelta migliore. Questo Paese vi terrà ben occupati. In quanto segno di terra, vi connettete con il mondo circostante, luoghi come La Romana nella Repubblica Dominicana, Perto Vejo in Costa Rica e Belo Horizonte in Brasile vi faranno vivere.

La Bilancia opta per le città con musei. Le vacanze tropicali non saranno così soddisfacenti per la Bilancia come la visita al Louvre di Parigi, al Museo dell'Acropoli di Atene, in Grecia, al Museo del Prado *di Madrid, in Spagna, o alla Galleria degli Uffizi di Firenze, in Italia.*

Scorpione, *trascorrere qualche giorno su una spiaggia isolata con bevande alcoliche e massaggi. In Grecia, a Bali, a Saint Martin o alle Hawaii, troverete tutti questi lussi. Visitare i siti storici vicino al vostro hotel di lusso sarebbe una straordinaria combinazione di vacanze tropicali e culturali. Mikonos e Roda in Grecia sono destinazioni perfette.*

Sagittario, *esplorate il Camino de Santiago, una rete di sentieri molto diversi tra loro, che conducono tutti alla città di Santiago de Compostela. Ogni percorso ha la sua storia, il suo patrimonio e la sua magia. Il Sagittario è un viaggiatore che desidera nuove esperienze, quindi in Irlanda troverete tutto ciò che cercate.*

Capricorno, *segno orientato agli obiettivi. Vacanze in cui si possono stabilire nuove relazioni d'affari. La Cina sarebbe spettacolare. Il Capricorno ha un senso del valore storico che altri segni non hanno, quindi paesi come Israele e l'Egitto, dove la storia è viva e vegeta, vi faranno sentire a casa.*

L'Acquario ama le nuove idee, i nuovi luoghi e le nuove relazioni. Un Paese fantastico da visitare sarebbe il Giappone, non solo per la sua affascinante storia e cultura, ma anche perché ogni sua regione ha qualcosa di diverso da offrire.

I Pesci, segno d'acqua, sono felici delle vacanze tropicali. Un hotel sul mare sarebbe l'ideale. L'isola di La Dique, nella Repubblica delle Seychelles, forse la spiaggia più bella del mondo, sarà un successo garantito. Il Pesci ha una visione serena della vita e il fatto che è governato da Nettuno lo rende un pensatore creativo. La Svezia è un Paese che dovrebbe visitare, perché lì troverà una cultura innovativa come la sua.

Chi è la tua anima gemella secondo il tuo segno zodiacale?

Quando sentiamo l'espressione "anima gemella", di solito pensiamo a un partner, cioè a una persona con cui abbiamo un forte legame sentimentale e sessuale. Tuttavia, le anime gemelle legittime non sempre si relazionano in questo modo e spesso non sono nemmeno interessate all'aspetto sessuale di una relazione.

La vostra anima gemella può essere non solo il vostro partner, ma anche vostro padre, amico, figlio, nonno, capo o sorella.

Da un punto di vista astrologico, e tenendo presente che le lezioni che dobbiamo imparare prima di raggiungere il livello spirituale successivo sono quelle che definiscono il tipo di relazioni emotive che dobbiamo sviluppare nella nostra vita attuale, possiamo dire che il Cancro e i Pesci sono le anime gemelle dell'Ariete.

Con il Cancro e i Pesci, l'Ariete non solo riesce a concentrarsi meglio e a risolvere i conflitti senza violenza, ma sviluppa anche l'empatia, cioè la capacità di mettersi nei panni dell'altro e di imparare a condividere.

Questi due segni non amano i conflitti e, se si verificano, preferiscono il dialogo a qualsiasi episodio di brutalità.

L'Ariete può insegnare a Cancro e Pesci a non avere bisogno dell'approvazione degli altri, a rischiare di più e a non cercare di accontentare tutti, in altre parole, ad essere più assertivi.

Il sensuale Toro, nemico del cambiamento e parente nato dell'inerzia, ha come anime gemelle il Sagittario e i Gemelli, due segni che sanno che la vita è un viaggio affascinante, ma non statico.

Possono insegnare ai Toro che non devono rimanere dove non appartengono per paura dell'incertezza e che ci saranno sempre certe situazioni o circostanze che accadono senza che ce lo aspettiamo e senza che abbiamo il potere di cambiarle. Anche il Toro ha molto da insegnare a questi segni.

Lezioni di forza di volontà, impegno verso gli altri, impegno in ciò che si fa e perseveranza fino alla fine, senza fretta o lentezza. Avere principi ed essere prudenti.

Il Leone può bilanciare molto karma con le sue anime gemelle in Bilancia e Acquario.

Il Leone può intestardirsi su un'idea o una convinzione sbagliata per vanità; la Bilancia e l'Acquario sanno che dietro una persona egocentrica c'è una bassa autostima.

La Bilancia insegnerà al Leone l'equanimità e la tolleranza, a usare il ragionamento e la diplomazia per mantenere una comunicazione fluida. L'Acquario, segno opposto al Leone, dotato di un giudizio obiettivo ed equo perché mai influenzato da pregiudizi, insegnerà al Leone a vedere il cuore delle persone, a offrire la propria spalla e a dare parole di solidarietà nei momenti di bisogno.

Il Leone non esita mai nel prendere decisioni e, se lo fa, non lo dà a vedere, cosa che la Bilancia dovrebbe praticare.

La lealtà è una caratteristica del Leone, che l'Acquario non conosce, e i Leoncini possono dargli lezioni di morale.

I Vergine, noti come perfezionisti per la loro immensa paura di fallire, hanno come anime gemelle lo Scorpione e il Capricorno. I Vergine amano essere rigorosi nelle loro decisioni e hanno un prototipo in quasi tutti gli aspetti della loro vita. Questa selettività impedisce loro di seguire il movimento della vita.

I Vergine distruggeranno letteralmente un intero progetto se pensano che non fosse perfetto fin dall'inizio, cosa che un Capricorno non farebbe mai, poiché la loro lungimiranza permette loro di vedere che si possono sempre prendere misure alternative senza dover ricominciare tutto da capo.

Il Capricorno è un segno sicuro del proprio spazio e non prende decisioni inutili, come fa talvolta la Vergine.

Lo Scorpione è in grado di mitigare il peggio e di tirare fuori il meglio dalla Vergine. Scorpione e Vergine hanno un approccio pratico alla vita, ma lo Scorpione è molto più amante della vita della Vergine. Lo Scorpione porterà la determinazione che manca alla Vergine e la Vergine porterà il controllo e la razionalità al passionale Scorpione.

La Vergine renderà il Capricorno più piacevole e giocoso intorno a voi e vi isolerà dall'eccessiva serietà che spesso mostrate in volto.

Follia

La follia si è rivelata nel corso della storia come una verità oscura, enigmatica e contraddittoria. Ci ha spaventato, l'abbiamo ignorata e persino accettata e, di conseguenza, le persone che ne hanno presumibilmente sofferto sono state evitate, eliminate e anche onorate.

Qualsiasi comportamento incongruo con il nostro ragionamento non è necessariamente un atto di follia, ma un modo diverso di procedere.

È un errore, se ci sentiamo colpiti o disturbati dalle azioni o dalla follia degli altri, bandirli, perché questo non ci rende più ragionevoli, equilibrati o perfetti, ma ci rende altrettanto folli.

Definire la follia è complesso quanto definire la sanità mentale, ma ogni segno zodiacale ha il suo grado di follia.

Cancro*: Sono caratterizzati da un forte temperamento. Questo li rende una personalità incomprensibile se vista dall'esterno. Si sono guadagnati la popolarità di pazzi a causa del loro carattere incoerente, che a volte sconvolge le persone che li circondano.*

Scorpione - Hanno bisogno di *cambiamenti per essere felici, sono capaci di fare cose folli solo per generare azione. Per loro, avere un'esplosione è normale, perché sono dipendenti dal cambiamento e dalla frenesia.*

Pesci: È *impossibile non essere contagiati dalla vostra follia. La vostra instabilità e il vostro squilibrio infastidiscono le persone che vi circondano. Vedete tutto come un letto di rose, il che fa sì che la gente vi chiami pazzi perché galleggiate sempre su una nuvola.*

Gemelli: *Sono famosi per la loro dualità. A volte sono in conflitto con sé stessi. Amano le sfide che comportano pericolo. Amano progettare avventure improvvisate e sono sempre pronti a superare i limiti della follia.*

Leone *- Quando il fuoco si deposita nella loro testa, pensano che tutto ciò che circonda la loro vita sia più urgente di qualsiasi altra cosa. Sono stravaganti e hanno atteggiamenti che gli altri considererebbero folli. Sono capaci di fare cose che una persona ragionevole non farebbe mai.*

Ariete - Fanno arrabbiare *sé stessi e chi li circonda. Sono testardi e amano essere i primi in tutto, anche a costo di fare cose folli. Non sanno come trattenersi e questo li porta ad agire in modo irrazionale.*

Acquario: è un *segno ribelle e libero che non si preoccupa di ciò che gli altri pensano di lui. Agiscono in modo capriccioso, con atteggiamenti folli, che rompono i paradigmi.*

Sagittario - Sono *divertenti, ma violenti nel loro desiderio di azione. Non sanno misurare le conseguenze delle loro azioni, cosa che molti considerano una follia. Non è raro vederli totalmente sfrenati e irresponsabili.*

Bilancia - Vogliono la *felicità e l'armonia, e per ottenerla sono disposti a fare qualsiasi follia. Sono instabili e questo li porta a rompere gli impegni presi, cosa che molti considerano una follia.*

Vergine - Si spingono *agli estremi e diventano ossessivi. Hanno una visione di ciò che vogliono scritta nella pietra, nessuno può dare loro consigli, non si lasciano guidare. Quando non ascoltano, commettono varie follie.*

Toro - *Quando un'idea prende piede nella vostra mente, non riuscite a scacciarla e arrivate persino a fare cose folli per sostenere la vostra ipotesi. Provate a mettere alla prova la loro pazienza e scoprirete quanto sono folli.*

Capricorno - *Non dimentica assolutamente nulla, non perdona e tanto meno dimentica, se gli fate qualcosa di brutto, non preoccupatevi perché ve lo ricorderà per il resto della vostra vita fino a farvi impazzire completamente. I Capricorno sono follemente ossessionati dal controllo.*

La psicologia della lotteria.

I giochi di lotteria sono molto popolari in tutto il mondo.

Tutti abbiamo il sogno impossibile di vincere la lotteria, perché l'illusione di diventare milionari con un colpo di fortuna, anche se le probabilità sono minime, è il motivo principale per cui le persone giocano d'azzardo.

I giocatori percepiscono che il costo di un biglietto della lotteria, in relazione ai premi che riceverebbero in caso di vincita, è minimo. Il rischio è sempre percepito emotivamente e, se ci fa piacere, tendiamo a considerarlo insignificante e a neutralizzare l'emozione del pericolo, concentrandoci solo sui benefici.

I giocatori vedono nella lotteria un'opportunità unica di vincere premi con poco denaro investito e poca esposizione al rischio.

I giochi hanno aspetti tradizionali e superstiziosi. Alcune persone giocano sempre gli stessi numeri perché sono i loro preferiti, perché li collegano a una data importante o perché li hanno sognati.

Altri giocano a un'ora, un giorno o un luogo specifici. Quando si pensa di avere il controllo, ci si sente sicuri, perché scegliendo i numeri invece di giocare a caso, anche se le probabilità di fare centro sono le stesse, si ha l'impressione di controllare il destino e che le probabilità siano a proprio favore.

Ci sono persone che giocano solo per divertimento, in questi casi la lotteria trascende il costo economico, diventando un diversivo che si ravviva quando si immagina cosa si può fare con il denaro che si acquisterebbe.

Esistono cinque descrizioni psicologiche dei singoli giocatori di lotteria:

L'avventuriero che si lascia ammaliare dai giochi che coinvolgono grandi somme di denaro, speculando con numeri casuali e pianificati.

Il concorrente, che insiste nel mettersi in mostra attraverso il gioco che scommette di vincere.

L'avido, che non ha limiti quando si tratta di giocare d'azzardo e non ha paura di correre rischi quando lo fa.

Il tattico, che non gioca mai con il rischio, cerca tattiche, strategie e set numerici quando gioca con i numeri.

La persona superstiziosa, che gioca sempre le stesse combinazioni di numeri, utilizza talismani, rituali o *acquista i propri biglietti a un'ora e a un luogo specifici.*

Esiste un trucco o una formula per vincere alla lotteria?

Questa domanda rimane senza risposta. Molti ipotizzano e sostengono che sia più probabile essere colpiti da un fulmine che vincere alla lotteria. Tuttavia, altri studiano le probabilità con grande perseveranza e sottigliezza.

Giocare alla lotteria o a qualsiasi altro gioco d'azzardo, se fatto con moderazione, è un modo economico per acquistare illusioni e fiducia nel futuro. Le complicazioni sorgono quando la persona non controlla i propri impulsi a giocare, generando una dipendenza dal gioco e cadendo nel gioco d'azzardo patologico.

Il giocatore d'azzardo è un individuo il cui gioco d'azzardo causa grandi difficoltà sul lavoro e nelle relazioni familiari, perché le perdite lo inducono a giocare di più per recuperare il denaro perso. Questo diventa un circolo vizioso e l'unico modo per risolverlo è un trattamento psicoterapeutico.

I migliori regali per i segni zodiacali

Fare regali è un modo universale per dimostrare che si ama e si apprezza qualcuno, ma comprare i regali può essere una sfida, per alcuni un vero e proprio mal di testa.

I pianeti possono aiutarvi perché, conoscendo il segno zodiacale della persona, potrete fare il regalo ideale.

I segni di fuoco: Ariete, Leone e Sagittario *amano i regali che li fanno sentire importanti, legati allo sport, ai viaggi e alla tecnologia.*

Una macchina fotografica digitale professionale, l'ultimo modello di IPhone, un biglietto aereo con hotel incluso per una località turistica esotica o dal passato storico, libri di economia, abbigliamento sportivo o attrezzature per l'esercizio, biglietti della lotteria, bottiglie di buon vino e scarpe di marca esclusiva piaceranno molto a questi segni.

Toro, Vergine e Capricorno, *che appartengono all'elemento terra, sono talvolta tradizionali, ma questo non significa che non amino i regali firmati.*

Un quadro di un pittore famoso, una cintura o una valigetta per portare i documenti di lavoro, un portafoglio con le vostre iniziali, profumi firmati, massaggi o trattamenti per il corpo, un animale domestico, accappatoi, pigiami accoglienti o persino diffusori di aromaterapia vi renderanno felici.

***I segni d'aria: Gemelli, Bilancia e Acquario** non sono materialisti e la funzionalità di un regalo è molto più importante del prezzo. La loro immaginazione è abbondante e tutto ciò che stimola questa capacità li attira.*

Un telefono cellulare, un computer o un iPad, libri sulla crescita personale, sulla spiritualità, sulla filosofia e sulle terapie alternative, corsi di auto-aiuto e di potenziamento economico, un telescopio, biglietti per l'opera o per il teatro, un animale che non debba stare in gabbia, quarzo, oli essenziali, incensi e colonie dopobagno saranno molto apprezzati da questi segni.

***Cancro, Scorpione e Pesci**, i segni d'acqua, amano i regali personalizzati. Utensili da cucina, una cena romantica sulla spiaggia al chiaro di luna, un massaggio rilassante in una spa, lingerie audace, pantofole o un comodo divano su cui guardare la TV, una bottiglia di champagne, candele profumate, amuleti, libri di astrologia, un set di tarocchi, lozioni, profumi e accessori di bellezza, vino, biscotti, conserve e tutti i tipi di prodotti gourmet fanno parte* dell'elenco dei regali che questi segni accetteranno volentieri.

Fare regali è una benedizione, è un gesto di generosità; fare regali è un atto simbolico che rappresenta una lode, un'attenzione a qualcuno che vogliamo compiacere e simboleggia il nostro affetto per lui.

Quando facciamo dei regali, le relazioni migliorano e si rafforzano e si genera gioia.

I segni zodiacali e le loro paure.

I dodici segni zodiacali simboleggiano dodici archetipi essenziali della personalità umana, ma allo stesso tempo sono prototipi psicologici, motivo per cui ognuno dei segni zodiacali ha una paura molto specifica e personale.

Ricordiamo che la paura è un meccanismo di allarme e di difesa essenziale per l'uomo. Diventa un problema solo quando è eccessiva.

*Le paure sono insicurezze e a volte le proiettiamo con azioni opposte, come nel caso del segno **Ariete**; noto per la sua volontà di ferro, niente e nessuno lo paralizza. Amano controllare tutto e la loro paura più radicata è quella di fallire o di chiedere aiuto, perché per loro questo è sinonimo di debolezza.*

***Il Toro** è il più testardo dei segni di terra. Il cambiamento li terrorizza, così come l'esaurimento del denaro; passano la vita a risparmiare perché la povertà li terrorizza.*

***I Gemelli**, il comunicatore dello zodiaco, un po' ansioso e insicuro, cerca di attirare l'attenzione perché teme di sembrare noioso. Legittimi figli della Luna, i Cancro amano la loro zona sicura perché lì* nessuno può far loro del male, ma hanno il terrore della solitudine e del rifiuto.

Il Leone, re dello zodiaco, leader e coraggioso, non è nato per perdere. La loro paura più radicata è quella di passare inosservati; preferiscono che si parli loro, ma non che li si ignori.

*Il maestro del riordino della **Vergine** diventa talvolta compulsivo nei confronti della propria salute, motivo per cui è ipocondriaco. La loro paura principale è quella di ammalarsi, ma la disorganizzazione li spaventa più di ogni altra cosa.*

*Eccezionalmente intelligenti, i **Bilancia** sono indecisi e proprio in questo risiede la loro principale paura: prendere decisioni. Un'altra delle loro paure è la solitudine.*

*Enigmatici e seducenti, gli **Scorpioni** hanno una memoria elefantiaca, temono il tradimento e se fate qualcosa che non gli piace, lo nasconderanno per sempre. Mai tenere un segreto con uno Scorpione.*

Il Sagittario, l'avventuriero dello zodiaco, **ha il terrore di** impegnarsi perché è terrorizzato dalle *richieste. Sono molto divertenti, ma dietro quel sorriso si nasconde la paura di essere ingannati.*

*Esigenti fino all'estremo, i **Capricorno** non si tirano mai indietro di fronte ai loro obiettivi; la loro principale paura è quella di commettere errori, soprattutto a livello professionale. Sono altruisti e temono di non realizzare i loro sogni.*

*Ribelle e utopico, **l'Acquario** teme di perdere la propria libertà perché ciò significherebbe perdere la propria essenza. Hanno sempre molte amicizie, ma nessuna li lega. Hanno bisogno del gruppo, ma non vogliono che il gruppo abbia bisogno di loro.*

*La pace è sinonimo di **Pesci**, che odiano il confronto. Compassionevoli fino al midollo, hanno paura di vedere gli altri soffrire. Sono un po' insicuri, hanno paura del palcoscenico e temono il rifiuto.*

Alcuni vecchi libri di astrologia ritengono che Saturno sia totalmente responsabile della paura in un tema natale, ma io penso che perché la paura abbia origine ci debba essere un'alleanza tra diversi pianeti con le loro energie corrispondenti.

In altre parole, le paure sono rappresentate da diversi pianeti collegati da aspetti, e non esiste un pianeta specifico che sia necessariamente legato allo sviluppo di un qualsiasi tipo di paura.

Luna in Leone

Se la vostra Luna è in Leone, esprimete le vostre emozioni con passione e intensità, vi piace essere al centro dell'attenzione e dare ai vostri sentimenti un tocco drammatico.

Idealmente, volete essere apprezzati, ma con la Luna in Leone qualsiasi attenzione è meglio di nessuna. Se sentite di essere ignorati, vi sentirete minacciati e, quando ciò accade, il vostro istinto vi porterà a fingere.

In altre parole, finché siete al centro dell'attenzione, sarete felici e vi sentirete al sicuro.

In un mondo perfetto, tutto sarebbe incentrato su di voi, ma poiché il mondo non è perfetto, non siete al centro dell'attenzione.

Con la Luna in Leone, la sfida non è quella di scoprire le vostre esigenze di sicurezza, ma di assicurarvi che le voci della vostra lista di priorità siano appropriate.

Dovete analizzare ogni relazione e stabilire quando è opportuno che siate al centro dell'attenzione. Siate consapevoli delle vostre reazioni.

Tracciate un profilo del vostro io interiore in modo che gli altri vi apprezzino per quello che siete.

Le persone con la Luna in Leone sono calorose e generose nei confronti dei familiari, empatiche e leali. Sono inclini a una natura emotiva gelosa, anche se non sono possessivi. Hanno bisogno di un partner su cui fare colpo. Queste energie le rendono difficili da gestire dal punto di vista emotivo.

I loro sentimenti sono feriti quando si sentono ignorati.

Provano istintivamente emozioni forti, sono drammatici e creativi. La Luna in Leone è associata ai bambini, quindi ama giocare e divertirsi. Trascorrere del tempo con i bambini li aiuta a espandere la loro creatività e il loro divertimento.

Le persone con la Luna in Leone hanno qualità di leadership ispirate. Incoraggiano le persone a impegnarsi per ottenere risultati, godendosi il viaggio.

L'importanza del segno ascendente

Il segno solare ha un grande impatto su chi siamo, ma l'Ascendente è ciò che ci definisce veramente e può anche essere il motivo per cui non vi identificate con alcune delle caratteristiche del vostro segno.

L'energia che il vostro segno solare vi trasmette vi fa sentire davvero diversi dal resto del mondo. Ecco perché, quando leggete il vostro oroscopo, a volte vi sentite identificati e riuscite a dare un senso ad alcune previsioni, e questo perché vi aiuta a capire come potreste sentirvi e cosa vi accadrà, ma vi mostra solo una percentuale di ciò che potreste essere realmente.

L'Ascendente è diverso dal segno solare perché riflette chi siamo in superficie, cioè come gli altri ci vedono o l'energia che trasmettiamo alle persone, e questo è così reale che possiamo incontrare qualcuno e, se prevediamo il suo segno, potremmo aver scoperto il suo segno Ascendente e non il suo segno solare.

 In breve, le caratteristiche che vediamo in una persona quando la incontriamo sono l'Ascendente, ma poiché la nostra vita è influenzata dal modo in cui ci relazioniamo con gli altri, l'Ascendente ha un grande impatto sulla nostra vita quotidiana.

È un po' complesso spiegare come si calcola o si determina il segno ascendente, perché non è la *posizione di un pianeta a determinarlo, ma il segno che sorgeva sull'orizzonte orientale al momento della nascita, a differenza del segno solare, che dipende dall'ora esatta in cui si è nati.*

Grazie alla tecnologia e all'Universo, oggi è più facile che mai scoprire queste informazioni, naturalmente se si conosce l'ora di nascita, o se si ha un'idea dell'ora, ma non si ha un margine di più di qualche ora, perché ci sono molti siti web che fanno il calcolo inserendo i dati, astro.com è uno di questi, ma ce ne sono infiniti.

In questo modo, quando leggete il vostro oroscopo, potete leggere anche il vostro Ascendente e scoprire dettagli più personalizzati, vedrete che d'ora in poi, se lo farete, il vostro modo di leggere l'oroscopo cambierà e saprete perché quel Sagittario è così modesto e pessimista mentre in realtà è così esagerato e ottimista, e questo può essere perché ha un Ascendente Capricorno, o perché quel collega Scorpione parla sempre di tutto, ha senza dubbio un Ascendente Gemelli.

Riassumerò le caratteristiche dei diversi Ascendenti, ma anche questo è molto generale, poiché queste caratteristiche sono modificate dai pianeti congiunti all'Ascendente, dai pianeti in aspetto all'Ascendente e dalla posizione del pianeta governatore del segno nell'Ascendente.

Ad esempio, una persona con un ascendente Ariete e il suo pianeta dominante, Marte, in Sagittario, reagirà all'ambiente in modo leggermente diverso da un'altra persona, anch'essa con un ascendente Ariete, ma con Marte in Scorpione.

Allo stesso modo, un ascendente Pesci che ha Saturno congiunto si "comporterà" in modo diverso da chi ha un ascendente Pesci che non ha questo aspetto.

Tutti questi fattori modificano l'Ascendente, l'astrologia è molto complessa e non si leggono o fanno oroscopi con i tarocchi, perché l'astrologia non è solo un'arte, ma anche una scienza.

Può capitare di confondere queste due pratiche perché, pur essendo due concetti completamente diversi, hanno alcuni punti in comune. Uno di questi punti in comune si basa sulle loro origini, cioè sul fatto che entrambe le procedure sono conosciute fin dall'antichità.

Sono simili anche nei simboli che utilizzano, poiché entrambi hanno simboli ambigui che devono essere interpretati e richiedono una lettura e una formazione specializzata per saperli interpretare.

Ci sono migliaia di differenze, ma una delle principali è che, mentre nei tarocchi i simboli sono perfettamente comprensibili a prima vista perché si tratta di carte figurative, anche se bisogna saperle interpretare bene, in astrologia si vede un sistema astratto che bisogna conoscere a priori per interpretarlo e, naturalmente, va detto che, pur sapendo riconoscere i tarocchi, non tutti sanno interpretarli correttamente.

Anche l'interpretazione è una differenza tra le due discipline, perché mentre i tarocchi non hanno un riferimento temporale preciso, in quanto le carte si collocano nel tempo solo grazie alle domande poste nell'estrazione corrispondente, l'astrologia fa riferimento a una specifica posizione dei pianeti nella storia, e i sistemi di interpretazione utilizzati dalle due discipline sono diametralmente opposti.

Il tema natale è la base dell'astrologia e l'aspetto più importante per fare una previsione. Il tema astrologico deve essere perfettamente redatto affinché la lettura abbia successo e si possa conoscere meglio la persona.

Per redigere un tema natale è necessario conoscere tutte le informazioni sulla nascita della persona in questione.

Deve essere conosciuto con precisione, dall'ora esatta della nascita al luogo in cui è avvenuta.

La posizione dei pianeti al momento della nascita rivelerà all'astrologo i punti necessari per redigere il tema natale.

L'astrologia non si limita a conoscere il proprio futuro, ma si occupa di conoscere i punti importanti della propria esistenza, sia nel presente che nel passato, in modo da poter prendere le decisioni migliori per il proprio futuro.

L'astrologia vi aiuterà a conoscervi meglio, in modo da poter cambiare le cose che vi bloccano o migliorare le vostre qualità.

E se il tema natale è alla base dell'astrologia, la lettura dei tarocchi è fondamentale per quest'ultima disciplina. Proprio come la persona che fa il tema natale, il sensitivo che fa la lettura dei tarocchi sarà la chiave del successo della vostra lettura; quindi, è meglio chiedere a lettori di tarocchi raccomandati, e anche se certamente non saranno in grado di rispondere a tutte le domande che avete nella vostra vita, una corretta lettura dei tarocchi, e le carte che appaiono nella lettura dei tarocchi, vi aiuteranno a guidare le decisioni che prendete nella vostra vita.

In breve, l'astrologia e i tarocchi utilizzano il simbolismo, ma la questione fondamentale è come viene interpretato tutto questo simbolismo.

Una persona che padroneggia davvero entrambe le tecniche sarà senza dubbio di grande aiuto per le persone che le chiedono consigli.

Molti astrologi combinano entrambe le discipline e la pratica regolare mi ha insegnato che entrambe di solito fluiscono molto bene, fornendo una componente di arricchimento in tutte le questioni di predizione, ma non sono la stessa cosa e non si può fare un oroscopo con i tarocchi, né si può fare una lettura dei tarocchi con un tema natale.

Ascendente in Leone

Le persone con l'Ascendente nel segno del Leone sono le più ottimiste dello zodiaco, sanno sfruttare le opportunità che si presentano e sono in grado di raggiungere qualsiasi obiettivo si prefiggano.

Gli ascendenti Leone hanno bisogno di mostrare la propria individualità e di esprimere la propria creatività.

A volte questo Ascendente pensa di dover essere trattato come un re, perché il suo ego è troppo grande. Dovete lavorare sodo per ottenere lo status che pensate di meritare e non arrabbiarvi quando non ottenete ciò che volete.

Il loro ego è forte e potente e sono teatrali e drammatici. Queste persone devono imparare che quando i complimenti arrivano dall'esterno, non saranno mai completamente felici o non raggiungeranno mai il loro pieno potenziale, poiché queste circostanze servono solo ad amplificare il loro ego. Le persone con l'ascendente Leone devono imparare a dominare il proprio ego e, se vogliono avere successo, devono concentrarsi su sé stesse e non permettere a questo lato vanitoso di prendere il sopravvento.

Ariete - Ascendente Leone
Le persone con questo Ascendente hanno molto entusiasmo. L'Ariete e il Leone sono due segni di fuoco con un grande potenziale, quindi si rafforzano a vicenda.

Sono persone con un'altissima autostima, che si riflette nel modo in cui gli altri li vedono. Si distinguono per la loro gentilezza.

Nel campo del lavoro si distinguono perché sono dei combattenti, anche se a volte perdono facilmente la calma. La loro personalità egocentrica può interferire con la professione, poiché sono trascinati dall'orgoglio e dal bisogno di essere al centro dell'attenzione.

In amore sono molto sentimentali, protettivi e quando si innamorano danno tutto.

A volte sono così vanitosi e arroganti da diventare tossici e controllanti.

Toro - Ascendente Leone
Il Toro ascendente Leone vive alla costante ricerca del piacere. Questa combinazione persegue

ferocemente il successo, sia professionale che personale. Amano lo status e il prestigio.

Sul lavoro, si impegnano attivamente per avere successo e, se non lo ottengono, subiscono grandi delusioni.

Sono passionali e romantici, amano corteggiare, ma anche essere corteggiati. Se gli piace qualcuno, lotteranno per conquistarlo.

L'aspetto negativo è lo spreco di denaro per i lussi.

Gemelli - Ascendente Leone

I Gemelli con ascendente Leone sono persone molto comunicative. Sono sempre alla ricerca di cose nuove da fare e si distinguono per la loro versatilità.

A queste persone piace condividere e scambiare idee, quindi tendono ad ascoltare e a valutare tutte le argomentazioni.

Professionalmente, sono interessati a diversi campi e possono avere successo in ognuno di essi. Il problema è che hanno difficoltà a concentrarsi.

In amore sono seducenti e non hanno problemi a fare amicizia. Quando si innamorano, lottano per stare con quella persona con ogni mezzo e si impegnano fino in fondo.

Un aspetto negativo di queste persone è che possono facilmente lasciarsi trasportare dal loro ego, sminuendo le opinioni degli altri e cercando di manipolare i loro pensieri.

Cancro - Ascendente Leone

Le persone con questo Ascendente sono amorevoli e orientate alla famiglia. Hanno molta empatia e comprensione e sono in grado di aiutare sinceramente chi ha bisogno.

Sono idealisti e ambiziosi, quindi pianificano molti progetti con ottimismo e hanno successo.

In amore sono persone intense e, quando amano qualcuno, sono fedeli.

Questa combinazione è un po' teatrale e sentimentale, che li porta ad amplificare le loro emozioni e a trasformare anche la più piccola cosa in una tragedia.

Leone - Ascendente Leone

I Leone con ascendente Leone sono persone molto vitali e sicure di sé, che incantano tutti coloro che incontrano. Sono leader per eccellenza.

Sono motivati sul lavoro e amano essere riconosciuti pubblicamente, il che li spinge a sviluppare competenze preziose.

Sono ottimisti e sicuri di sé. Hanno la capacità di affrontare qualsiasi sfida.

A livello emotivo, sono molto affettuosi e protettivi. Desiderano riconoscimento e valore nelle loro relazioni. A volte cercano più qualcuno che li ammiri che qualcuno che sia nella loro posizione.

I Leone con ascendente Leone sono autoritari ed egocentrici, soprattutto se occupano posizioni di potere.

Vergine - Ascendente Leone
In genere non sono molto parsimoniosi, anche se non si lasciano sedurre completamente dagli eccessi. Hanno grandi ambizioni e sono molto responsabili in tutto ciò che fanno.

Nel mercato del lavoro, questa combinazione è molto intraprendente e si distingue per le sue capacità intellettuali. Sono perfezionisti e odiano il fallimento.

In amore, non sono molto esigenti nelle relazioni, ma se qualcuno gli piace, si impegnano per conquistarlo.

Bilancia - Ascendente Leone

I libici con ascendente Leone sono socievoli per natura, accessibili a tutti, il che permette loro di avviare relazioni molto facilmente.

Questa è una delle combinazioni che mostra equilibrio. Queste persone tendono ad interessarsi precocemente all'apprendimento di materie intellettuali.

Nella sfera sentimentale sono sicuri e determinati, molto passionali e socialmente dotati.

Scorpione - Ascendente Leone

Questa combinazione è destinata alle persone che hanno a cuore il benessere dei propri cari.

Sul lavoro, hanno l'energia e la forza di investire nel proprio lavoro. Di solito sono persone ambiziose, sempre alla ricerca di sfide e di nuove idee da applicare. Lottano fino alla fine per realizzare tutto ciò che si prefiggono.

Sono conquistatori e nulla può fermarli quando hanno qualcuno o qualcosa in mente. Sono totalmente devoti al partner e hanno bisogno di una vita intensa di sesso e amore per sentirsi a proprio agio nella loro relazione.

A volte sono dittatoriali e spesso non ascoltano le opinioni o i consigli degli altri.

Queste persone diventano ossessionate e possono distruggere parti della vostra vita, del vostro lavoro e delle vostre amicizie.

Sagittario - Ascendente Leone

I Sagittario con ascendente Leone sono persone affettuose e dotate di autostima. Sono affettuosi e gentili, amano vedere gli altri felici. Offrono la loro protezione a tutta la loro cerchia ristretta e cercano di compiacere perché viene dal loro cuore.

Si sforzano di trovare la loro vera vocazione. Sono buoni comunicatori e si distinguono per i loro numerosi talenti.

Queste persone sono molto emotive, amano amare ed essere amate.

A volte queste persone sono vanitose, narcisiste e si perdono nei piaceri della vita.

Capricorno - Ascendente Leone

I Capricorno con ascendente Leone sono persone responsabili che sanno come gestire la vita e tutto ciò che li circonda. Hanno una grande forza di volontà.

Sul lavoro trasmettono convinzione a chi li circonda e, quando hanno un obiettivo, di solito lo raggiungono. Hanno capacità sociali e un occhio di riguardo per i dettagli. Se utilizzano correttamente le loro risorse, possono raggiungere una posizione professionale riconosciuta.

In amore sono carismatici, amano essere al comando delle loro relazioni e possono essere autoritari, ma sanno riconoscere cosa è ragionevole e cosa no.

A volte possono essere troppo critici e, se non si concentrano sulle loro qualità, possono creare scompiglio.

Acquario - Ascendente Leone

Gli Acquario con ascendente Leone sono persone che hanno forti ideali e amano trasmetterli. Sanno farsi valere e far sì che gli altri ascoltino le loro opinioni con rispetto e ammirazione.

Sul lavoro amano distinguersi e occupare posizioni importanti. Sono altruisti, ma hanno un lato egocentrico che ha bisogno del riconoscimento degli altri per essere in equilibrio.

Nelle relazioni sentimentali cercano la buona compagnia e amano godere dei piaceri. Il loro partner ideale è una persona non sottomessa.

Quando qualcuno obbedisce loro, perdono facilmente le staffe.

Pesci - Ascendente Leone

I Pesci con ascendente Leone sono molto empatici, attraenti e seducenti. Hanno un grande potere di immaginazione e un buon intuito.

Professionalmente, hanno un incredibile fiuto per gli affari e il loro magnetismo personale li porta a raggiungere facilmente posizioni di responsabilità e di potere.

Nelle relazioni possono essere un po' egoisti, ma anche altruisti con le persone che amano. Tuttavia, con il partner sono premurosi e generosi.

Tendono a essere vanitosi ed egocentrici. Cercano l'attenzione a tutti i costi e questo può causare conflitti.

Saturno in Pesci, uno degli eventi astrologici più importanti.

Il 7 marzo 2023 è uno dei giorni più importanti del calendario astrologico di quell'anno. Saturno, il severo maestro e signore del karma, entrò in conflitto con i Pesci, i sognatori. Questo transito di Saturno in Pesci, che durerà fino al febbraio 2026, non è stato un mix gradito.

Saturno è un pianeta di responsabilità e di severa autorità, che ci disciplina e ci struttura mentre si muove nello zodiaco. Saturno vuole verificare come stiamo raggiungendo i nostri obiettivi e quando passa in Pesci, il segno più spirituale, ci fa alcune proposte importanti. Plutone e Saturno, muovendosi all'unisono, provocheranno un gigantesco vulcano di energia che garantirà un periodo indimenticabile. Può sembrare una formula di battaglia, ma questa combinazione energetica può essere efficace e proficua.

Saturno non è felice in Pesci. È difficile per lui stabilire strutture e costruire la realtà quando tutto cambia. I Pesci sono un segno doppio, quindi possono esprimersi in modi opposti; possono essere sia trascendentali che pratici. È possibile che Saturno in Pesci indichi la costruzione di forme sopra o sotto l'acqua, o di dominare l'acqua, come condutture, acquedotti e porti. Ma può anche rivelare il crollo di *queste strutture a causa di uragani o della fragilità strutturale.*

L'archetipo dei Pesci è in contraddizione con Saturno. Rappresenta l'utopia, la creatività, la spiritualità e l'esoterismo, ma anche i sogni, le illusioni, le bugie e l'evasione. Simboleggia l'aspirazione a fluire come il mare, abbattendo confini e restrizioni.

L'ultimo transito di Saturno in Pesci è stato dal maggio 1993 all'aprile 1996. Questa fase ha visto i risultati del crollo dell'Unione Sovietica nel 1989, che ha causato ripercussioni a livello mondiale e ha schiacciato l'economia russa. Nel 1994 la Russia scatenò la prima guerra cecena, che durò fino al 1996. Il Tribunale penale internazionale per l'ex Jugoslavia è stato istituito all'Aia nel maggio 1993 per giudicare i crimini di guerra commessi durante la guerra jugoslava dei primi anni Novanta. D'altra parte, la guerra bosniaca tra croati, bosniaci e serbi è proseguita con crudeltà, pulizia etnica e numerose esecuzioni. La guerra è terminata nel 1995 e la maggior parte dei comandanti serbo-bosniaci è stata condannata per genocidio e crimini contro l'umanità. Nel 1994 è iniziato il genocidio in Ruanda, quando bande di Hutu hanno ucciso più di 700.000 Tutsi; innumerevoli donne sono state violentate durante il massacro, che si è concluso a luglio. La crisi del disarmo in Iraq, dopo la fine della prima guerra del Golfo, si svolgeva con molto rumore e senza fiducia tra le persone coinvolte. In Svizzera, una setta chiamata "Ordine del Tempio Solare" si dedicava al crimine e al suicidio di massa, mentre qui negli Stati Uniti Timothy McVeigh uccideva 168 persone nell'attentato di Oklahoma City. Durante questo transito di Saturno in Pesci, O.J. Simpson fu arrestato per l'omicidio della sua ex moglie e del suo fidanzato e rilasciato dopo un lungo processo che fu uno spettacolo hollywoodiano. A Londra, Fred West e sua moglie Rose vengono arrestati dopo aver estratto i corpi di alcune vittime di omicidio dal loro giardino. In Sudafrica si tengono le prime elezioni multirazziali e Nelson Mandela viene eletto presidente, abolendo in seguito la pena di morte nel Paese. Russia e Cina hanno firmato un accordo per smettere di provocarsi a vicenda con i loro dispositivi nucleari e il Trattato di non proliferazione nucleare è stato esteso all'infinito da 170 Paesi. L'Australia ha accettato di risarcire le popolazioni indigene espulse durante i test nucleari degli anni Cinquanta e Sessanta.

Altri eventi che si verificano durante il transito di Saturno in Pesci sono le correnti religiose, i movimenti ideologici come il socialismo e la sinistra, la trasmissione di malattie e contagi, i comportamenti distruttivi indotti dal panico, l'aumento dell'uso di droghe e lo sviluppo di ogni tipo di arte, nonché dei mezzi di trasporto marittimo.

Saturno in Pesci significa che non possiamo usare la spiritualità o la paura per evitare certi conflitti che dobbiamo affrontare. Possiamo meditare, andare a trascorrere cento anni in Tibet e usare i mantra più potenti dell'universo, ma a un certo punto dobbiamo anche agire.

Negli ultimi anni in cui Saturno è transitato in Acquario, è emersa la necessità di concentrarsi sull'individualità e di essere più genuini, piuttosto che tollerare la coercizione da parte di chi ci circonda. Sebbene l'Acquario sia un segno noto per ballare al proprio ritmo, Saturno è un segno che parla di limitazioni e ci spinge a sederci da soli con noi stessi (ricordate le restrizioni durante la pandemia) e a vedere dove possiamo collocarci per creare dei confini sani.

Tutte queste lezioni ci hanno preparato a ciò che ci aspetta con Saturno in Pesci. Inizieremo a essere più saggi su come aggiungere spiritualità alla nostra vita quotidiana, pur mantenendo la comprensione di come strutturarci. Molte persone abbandoneranno o metteranno in discussione le religioni o i dogmi.

Naturalmente, ci sono molti che non assaporeranno questo periodo, tra cui i leader religiosi e coloro che promuovono teorie cospirative. Vedremo conflitti tra individui di religioni diverse e molte tendenze a cercare di dominare ciò che gli altri scelgono di credere. Dobbiamo accettare che il fatto che gli altri non siano d'accordo con le nostre convinzioni non significa che siano sbagliate. Indica semplicemente che i loro punti di vista sono diversi perché, dopo tutto, i Pesci sono sinonimo di inclusione. Qualcosa che a noi manca.

Poiché i Pesci e Nettuno governano il settore dell'intrattenimento, i grandi studi e le etichette discografiche chiuderanno e molti artisti che erano legati a questi studi decideranno di fondare i propri studi. Se siete artisti, sarà nel vostro interesse utilizzare il vostro lavoro in modo vantaggioso, piuttosto che lasciare che le grandi aziende al vertice si godano i dividendi.

Ci sarà meno interesse per gli effetti speciali e un maggiore orientamento verso film autonomi e temi che riflettono la vita quotidiana. Apprezzeremo la bellezza che ci circonda e saremo meno motivati dal glamour.

Il karma tende spesso a essere visto come un male, ma raccogliere ciò che si semina non è una cosa negativa, a patto che si sia stati buoni. Lavorare con il nostro bagaglio karmico e subconscio, comprendere il passato ed essere pronti a lasciarlo andare è fondamentale per navigare in questo transito e uscirne con successo. Se vi tirate indietro, Saturno vi castigherà, ma se lo abbracciate, arriverete in un luogo predestinato a qualcosa di grande.

La posizione di Saturno nel nostro tema natale indica il punto in cui siamo costretti a prendere il controllo della realtà e ad assumerci maggiori responsabilità. I Pesci sono l'ultimo segno dello zodiaco, quindi il movimento di Saturno qui indica anche la fine o il completamento di un ciclo molto più ampio.

I Pesci sono un segno d'acqua che rappresenta la luce, l'oscurità e i mondi invisibili. È noto per le sue idee astratte e la sua creatività. I Pesci sono mutevoli, il che significa che sono adattabili e aperti alle energie del mondo circostante. Saturno è un'energia molto solida. Governa la legge, le responsabilità e le restrizioni, e la sua energia a volte può sembrare un campanello d'allarme, che ci riporta alla realtà e ci fa affrontare le conseguenze delle nostre azioni.

La presenza di Saturno in Pesci può sembrare un po' pesante a causa di tutto questo, poiché l'energia dei Pesci, normalmente acquatica, intuitiva e sensibile, sarà costretta a diventare un po' più riservata.

Per capirlo meglio, si può pensare a questo aspetto: se i Pesci sono acqua che scorre dolcemente, la presenza di Saturno costruisce dighe, che possono dirigere l'acqua in una direzione produttiva e benefica, ma possono anche sembrare più oppressive o controllanti. Tuttavia, esiste un modo per creare un equilibrio tra queste due energie, poiché le idee creative, intangibili ed esterne dell'energia dei Pesci possono attecchire grazie a Saturno.

Saturno ha un'energia pratica, quindi se la combiniamo con la creatività dei Pesci, è possibile trovare un equilibrio che ci aiuti a prendere le nostre idee creative e a dar loro vita o addirittura a trasformarle in un'impresa.

I Pesci sono anche legati alla religione e alla spiritualità; quindi, con Saturno potrebbero sorgere molte domande sulla religione e sulla spiritualità e su come sono legate alle regole che governano la società. Anche l'industria spirituale potrebbe ricevere una sveglia sotto questa energia o, a livello personale, cambieranno i vostri atteggiamenti e le vostre convinzioni riguardo al vostro legame spirituale o religioso.

Ciò che Saturno vuole veramente è che ci assumiamo la responsabilità della nostra vita e che agiamo in accordo con il nostro io autentico. Saturno può imporre limiti e restrizioni che ci fanno sentire intrappolati o soffocati, ma solo perché possiamo prenderci il tempo di scoprire ciò che vogliamo davvero e ciò per cui siamo davvero disposti a lottare.

Di seguito potete leggere un riassunto di ciò che il transito di Saturno in Pesci porterà per ogni segno zodiacale. Se volete ottenere di più da tutte queste informazioni, vi consiglio di leggere il vostro segno ascendente, se lo conoscete, e poi di mescolare le interpretazioni.

Un altro modo per saperne di più su questo potente transito planetario è quello di pensare ai temi che si sono svolti nella vostra vita l'ultima volta che Saturno è stato in Pesci, dal 1994 al 1996, per ottenere ulteriori informazioni su ciò che questo ciclo può portarvi.

Che effetto avrà sul segno Leone?

Con il transito di Saturno in Pesci, potreste sentirvi rivolti verso l'interno. Ci sarà una forte spinta a comprendere sé stessi a un livello più profondo e a scoprire processi di pensiero nascosti o schemi subconsci.

Saturno in Pesci può anche portare a una profonda trasformazione di qualche tipo, in cui si viene guidati attraverso un processo di morte e rinascita.

La natura è costantemente in un ciclo di rigenerazione: gli alberi perdono le foglie, entrano in una fase di morte e, in primavera, germogliano di nuovo, entrando in una fase di rinascita.

C'è anche la storia della fenice che risorge dalle sue ceneri. Con Saturno in Pesci, potreste trovarvi in un viaggio di morte e rinascita.

Potreste aver bisogno di sgombrare un ciclo o di eliminare una convinzione o uno stile di vita obsoleti per trasformarli in qualcosa di nuovo. La rinascita di un'area della vostra vita può sempre comportare delle sfide e, con Saturno coinvolto, è inevitabile che ci siano delle sfide.

Saturno è come un insegnante severo che vi spinge a essere la versione migliore di voi stessi. Saturno non vi spinge mai troppo o troppo poco, sembra sempre sapere qual è la quantità giusta per far emergere il vostro pieno potenziale. Man mano che procedete in questo ciclo di rinascita, raggiungerete un nuovo limite per il vostro potenziale.

Scoprirete nuove competenze, viaggerete in luoghi mai visti prima e, infine, uscirete da tutto questo conoscendo meglio e più intimamente voi stessi.

Saturno in Pesci significa conoscere il proprio vero io. Si tratta di togliere le maschere, le falsità, le cose che vi tengono bloccati o limitati, e di togliere gli strati per rivelare una versione più vera di voi stessi.

Saturno è strettamente legato al nostro contratto d'anima, il contratto che stipuliamo prima di arrivare in questo regno terreno. Il nostro contratto d'anima descrive tutte le cose che l'anima è destinata a imparare e ad affrontare durante la sua permanenza nella scuola terrena.

Il compito di Saturno è quello di assicurarsi che stiamo vivendo secondo i termini del nostro contratto d'anima. Vuole assicurarsi che siamo sulla strada giusta e che stiamo facendo ciò che dovremmo fare; quindi, tutto ciò che ci distrae dal nostro percorso sarà rimosso e tutti i debiti karmici che devono essere pagati devono essere saldati.

Saturno in Pesci può anche causare problemi con la sessualità e le relazioni intime. Potreste aver bisogno di riconnettervi con voi stessi e con ciò che vi dà piacere.

Potreste voler esplorare il vostro lato sessuale o sentirvi più a vostro agio con il vostro corpo. Saturno può anche portare alcuni limiti e restrizioni, per cui, sebbene siate incoraggiati a conoscervi meglio e a sviluppare un rapporto più profondo e intimo con voi stessi, all'inizio potreste sentire il contrario.

Potreste sentirvi disconnessi da voi stessi e quindi dai vostri desideri e dal vostro centro del piacere. Potreste non essere sicuri di ciò che volete dal vostro partner intimo, o trovare difficile comunicare ciò che vi fa stare bene.

Saturno in Pesci vi aiuta a diventare intimi, ma prima dovete farlo con voi stessi prima di poterlo fare con gli altri.

Prendetevi un po' di tempo per conoscere voi stessi e ciò che volete, connettetevi con ciò che vi emoziona e magari lavorate sui vostri centri energetici. I nostri chakra inferiori, che comprendono il chakra della radice e il chakra sacrale, si trovano sotto l'ombelico e sono collegati ai nostri sentimenti di sicurezza e al nostro senso di desiderio creativo.

Solo quando ci sentiamo sicuri nel nostro corpo possiamo attivare i nostri centri del piacere. Trovate quindi il modo di sentirvi sicuri e radicati nel vostro *corpo e sarà più facile tornare a uno stato di piacere o di gioia.*

È possibile che, con il passaggio di Saturno in Pesci, abbiate bisogno di riposare. Saturno vi guiderà ad assumervi la responsabilità del vostro corpo e della vostra salute mentale, incoraggiandovi a cercare aiuto se ne avete bisogno.

Ogni volta che siamo guidati in un ciclo di rinascita, deve esserci anche una rigenerazione. Dovete concedervi il tempo e lo spazio per ricaricare le batterie e superare questo ciclo.

Così come gli alberi rimangono dormienti in inverno perché conservano le loro energie, in attesa del momento giusto in cui le gemme fioriranno di nuovo. Se gli alberi non riposassero mai, non avrebbero l'energia per formare i nuovi germogli.

Dovete darvi le stesse opportunità e ricordare che ogni cosa accadrà a suo tempo.

In quanto segno di fuoco, potreste sentire l'impulso a correre, ma Saturno in Pesci vi insegnerà la pazienza, in modo che possiate prendervi il vostro tempo e considerare davvero il motivo per cui state facendo le cose che state facendo.

Quando Saturno avrà finito di attraversare questa parte del cielo cosmico, vi sentirete più connessi a chi siete a livello intimo. Vi sentirete più allineati con ciò che vi dà piacere e con il modo in cui gli altri possono servirvi, soprattutto nelle vostre relazioni intime.

Capirete cosa vi serve per essere sicuri di non doverlo fare.

Saturno in Pesci è sicuramente un transito un po' impegnativo per voi e vi troverete a dover chiudere la porta in faccia a qualcosa.

Ma ricordate che Saturno è lì per avvicinarvi al percorso della vostra anima e a un più profondo stato di armonia e comprensione con ciò che volete dalla vostra vita. Se sentite una sfida nascere sotto questa energia, tornate a voi stessi: cosa volete veramente? Cosa sentite giusto per voi? Potreste non avere tutte le risposte, ma ogni volta che Saturno è coinvolto, è una buona idea tornare alla responsabilità.

Saturno vuole che ci assumiamo la responsabilità di noi stessi e della nostra vita. Vuole che ci appropriamo di ciò che mettiamo nel mondo e di ciò che diciamo di volere. Vuole assicurarsi che i nostri discorsi siano allineati con le nostre azioni e che i nostri pensieri siano allineati con la nostra anima.

Bibliografia

Alcune informazioni sono state tratte dai libri pubblicati dagli autori: Amore per tutti i cuori, Denaro per tutte le tasche e Oroscopi 2022 e 2024.

Articoli scritti sul New Herald da uno dei redattori.

Informazioni sugli autori

Oltre alle sue conoscenze astrologiche, Alina A. Rubi ha una ricca formazione professionale. Rubi ha una ricca formazione professionale; ha certificazioni in psicologia, ipnosi, reiki, guarigione bioenergetica con cristalli, guarigione angelica, interpretazione dei sogni ed è istruttrice spirituale. Rubi ha conoscenze di gemmologia, che utilizza per programmare pietre o minerali in potenti amuleti o talismani protettivi.

Rubi ha un'indole pratica e orientata ai risultati, che le ha permesso di avere una visione speciale e integrativa di vari mondi, facilitando la ricerca di soluzioni a problemi specifici. Alina scrive gli oroscopi mensili per il sito web dell'American Astrologers Association, che si possono leggere all'indirizzo www.astrologers.com. Attualmente tiene una rubrica settimanale sul quotidiano El Nuevo Herald su argomenti spirituali, pubblicata ogni domenica in formato digitale e il lunedì in formato cartaceo. Ha anche un programma e un oroscopo settimanale sul canale YouTube del giornale. Il suo Annuario

Astrologico viene pubblicato ogni anno sul quotidiano "Diario las Américas", con la rubrica Rubi Astrologa.

Rubi ha scritto diversi articoli sull'astrologia per la pubblicazione mensile "Today's Astrologer", ha tenuto corsi di astrologia, tarocchi, lettura delle palme, guarigione con i cristalli ed esoterismo. Ha video settimanali su argomenti esoterici sul suo canale YouTube: Rubi Astrologa. Ha avuto un suo programma di astrologia trasmesso quotidianamente su Flamingo T.V., è stata intervistata da vari programmi televisivi e radiofonici e ogni anno pubblica il suo "Annuario astrologico" con l'oroscopo segno per segno e altri interessanti argomenti mistici.

È autrice dei libri "Riso e fagioli per l'anima" Parte I, II e III, una raccolta di articoli esoterici pubblicati in inglese, spagnolo, francese, italiano e portoghese. Soldi per tutte le tasche", "Amore per tutti i cuori", "Salute per tutti i corpi", Annuario astrologico 2021, Oroscopo 2022, Rituali e incantesimi per il successo nel 2022, Incantesimi e segreti, lezioni di astrologia, rituali e incantesimi 2024 e Oroscopo cinese 2024 sono disponibili in cinque lingue: inglese, italiano, francese, giapponese e tedesco.

Rubi parla correntemente inglese e spagnolo e combina tutti i suoi talenti e le sue conoscenze nelle sue letture. Attualmente vive a Miami, in Florida.

*Per ulteriori informazioni, è possibile **visitare il sito web** www.esoterismomagia.com.*

Alina A. Rubi è la figlia di Alina Rubi. Attualmente studia psicologia alla Florida International University.

Si è interessata a tutte le materie metafisiche ed esoteriche fin da bambina e pratica l'astrologia e la Kabbalah dall'età di quattro anni. Conosce i Tarocchi, il Reiki e la Gemmologia. Oltre che autrice, è anche curatrice, insieme alla sorella Angeline A. Rubi, di tutti i libri pubblicati da lei e dalla madre.

*Per ulteriori informazioni, contattatela via e-mail: **rubiediciones29@gmail.com***